U0442827

有料
更有趣的朝代史

清史2

康乾盛世

莫忆城　编著

浙江工商大学出版社
ZHEJIANG GONGSHANG UNIVERSITY PRESS
·杭州·

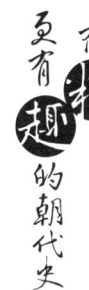

图书在版编目（CIP）数据

清史 / 莫忆城编著. —杭州：浙江工商大学出版社，2022.9（2024.1 重印）

（有料更有趣的朝代史 / 胡岳雷主编）

ISBN 978-7-5178-4833-2

Ⅰ. ①清… Ⅱ. ①莫… Ⅲ. ①中国历史—清代—通俗读物 Ⅳ. ① K249.09

中国版本图书馆 CIP 数据核字（2022）第 021190 号

清　史
QING SHI

莫忆城　编著

责任编辑	张晶晶
责任校对	韩新严
封面设计	吕丽梅
责任印制	包建辉
出版发行	浙江工商大学出版社 （杭州市教工路 198 号　邮政编码 310012） （E-mail: zjgsupress@163.com） （网址：http://www.zjgsupress.com） 电话：0571-88904980，88831806（传真）
排　　版	北京东方视点数据技术有限公司
印　　刷	唐山富达印务有限公司
开　　本	787mm×1092mm　1/32
印　　张	28
字　　数	620 千
版 印 次	2022 年 9 月第 1 版　2024 年 1 月第 2 次印刷
书　　号	ISBN 978-7-5178-4833-2
定　　价	198.00 元（全四册）

版权所有　侵权必究

如发现印装质量问题，影响阅读，请和营销与发行中心联系

联系电话　0571-88904970

目　录

第一章　有的不仅是好戏，还有问题

顺治之死，袈裟还是寿纱 _ 003

康熙登基另有推手 _ 008

降臣杀主，斩草除根 _ 011

亦正亦邪说鳌拜 _ 014

每个成功男人的背后都有一个女人 _ 019

十天还完八年受的气 _ 023

皇帝不放话没人敢行动 _ 027

学习好的有官当 _ 031

第二章　平三藩，复台湾，定边疆

吴三桂，你别太得意 _ 039

狐狸尾巴终于露出来了 _ 043

早知今日何必当初 _ 046

郑成功治理台湾有一套 _ 050

揭开陈近南的真实面纱 _ 053

敬酒不吃吃罚酒 _ 056

纯属正当防卫 _ 060

关键时候还得自己出马 _ 066

第三章 打好民生牌

土地问题事小，打击政敌事大 _ 071

康熙兼职搞水利 _ 074

六下江南，一举三得 _ 078

避暑不过是个幌子 _ 081

山区里做官，土房里断案 _ 086

靳辅治河，百姓丰衣足食 _ 091

北"京"南"扬"，平分秋色 _ 096

第四章 九子夺嫡花样多

赚人眼球的太子往事 _ 103

如意算盘也有不如意的时候 _ 109

聪明反被聪明误的皇八子 _ 113

十四变四，谁才是正统 _ 117

第五章 雍正：承上启下的过渡者

父皇驾崩永远有说头 _ 125

生母使绊子，难倒雍正帝 _ 130

作诗要小心，说话要留神 _ 135

此地无银三百两 _ 141

十三弟的忠诚 _ 146

第六章 巩固封建统治的最后努力

摊来摊去不减负 _ 153

枕头边上的秘书班子 _ 157
皇帝加班，谁敢偷懒 _ 162
贪官污吏要吃苦头了 _ 166
君臣单线联系 _ 170
业余爱好，求佛问道 _ 175
总嫌活得不够 _ 178
谁才是真正的凶手 _ 183

第七章　康乾盛世不安稳

侄子反叔叔 _ 189
最后的安稳民生 _ 194
准噶尔部终于消停了 _ 199
平定大小和卓 _ 204
改土归流是主流 _ 209
土尔扈特部归国 _ 214

第一章
有的不仅是好戏,还有问题

年仅24岁的顺治离奇地驾崩于养心殿,8岁的爱新觉罗·玄烨被时代推上了风口浪尖。康熙之初,在四位辅政大臣以及太皇太后的努力下,推行政治改革,倒也出现了一片欣欣向荣的景象。但四大臣之中,鳌拜野心勃勃,苏克萨哈为人排挤,鄂必隆唯鳌拜是瞻,索尼明哲保身,康熙帝即使在亲政之后,仍然受着臣子的摆布。

顺治之死，袈裟还是寿纱

> 丁巳，夜，子刻，上崩于养心殿。
>
> ——《清世祖实录》

对于顺治帝的死亡，记录这位清朝第一位入关皇帝的《清世祖实录》一书中，仅仅用这 11 个字就把他的离世概括完毕，出乎寻常的简短。为什么关乎生死的大事，而且对象还是一代君主，《实录》却以寥寥数字就间接概括、敷衍了事了呢？

顺治十八年正月初六，人们还依然沉浸在新年的喜悦中时，孝庄太后却在经历她这一生中最难熬的一个春节，因为她年仅 24 岁的儿子顺治即将永远地离开她、离开那个龙椅，离开这个世界。顺治帝的突然死亡也给世人留下了诸多谜团。

顺治帝虽然是清朝在入关后的第一个皇帝，但是他并没有像他的爷爷和父亲那样勤于朝务、卧薪尝胆，试图成为一代名垂千古的明君，相对于历朝皇帝的贤愚仁暴、清浊荣枯，顺治帝在人们心中的印象更多的是来源于他和董鄂妃的那段旷世绝恋，与其之后的看破红尘、披上袈裟的情景。董鄂妃的死也是他断却生活意念、一心出家、最后抑郁而亡的一个重要因素。

《清史稿·后妃传》记载了顺治帝一生中共有两后、十五妃,但顺治的婚姻生活却是个十足的悲剧。皇帝是权力的集合点,虽然至高无上,但为了权力的平衡,有时候也会有身不由己的时候。他先后册立两位皇后:一个孝庄皇后幕后安排、多尔衮亲自做媒的本家侄女。顺治本来就十分记恨多尔衮这个摄政王,再加上和这个女子的性格多有不合,不出几日便废掉皇后,降为侧妃,从此打入冷宫,一个女人的一生也就就此完结了。另一位也是在以政治目的为前提而精心选择的女子——博尔济吉特氏,不过,她也同样入不了顺治的眼,受到了不少顺治帝的呵斥。但这位皇后能忍辱又较为圆通,加上有太后孝庄的呵护,才没有被废掉。能得进了后宫的女人当然都具有国色天香之貌,顺治帝之所以对她们置之不理,是因为他有所爱之人。这个幸运的女子不是别人,正是董鄂妃。

董鄂妃从入宫起就开始不断晋升。董鄂氏是在顺治十三年被册为贤妃的,仅一个多月的时间,就被封为皇贵妃。这样的升迁速度,历史上十分少见。不但时间之短罕见,而且册封典礼之奢华隆重也超出了一个妃子的规格,皇帝还破天荒地颁布大赦天下之旨意,这是中国历史上唯一一次因为一个皇贵妃而大赦天下的例子。由此可见顺治对董鄂妃的旷世绝恋到底有多久、有多深。

关于董鄂妃的身世,民间有多种说法。

一种被普遍接受的说法就是,董鄂妃在民间时是秦淮一带大有名气的名妓,俗名董小宛。传说清军统帅洪承畴尤其爱慕董小宛。洪承畴在攻占江南时,借职务之便利,在生获了董小宛之后,就把她藏在了自己的府中,想占为己有。但苦于董小宛誓死不从,无计可施之下,把董小宛当成了自己晋级仕途的工具,进献给了顺治帝。顺治二年,董小宛成了顺治帝的宠妃,而顺治帝的生命也开始进入了另一个轨道。

董小宛在历史上是确有其人的,她名白,字青莲,生于明朝天启四年(1624年),身份也确实是秦淮名妓。崇祯十五年,历尽沧桑的董小宛终于找到了自己的归宿,嫁给了冒襄为妾,虽然不是正室,但不妨碍二人的感情升温。明末战乱中,二人更是相依为命达9年之久。后董小宛因劳瘁过度,于顺治八年病死,时年28岁。

可以看出,这董小宛确实和顺治帝一点关系也没有,所以,董鄂妃即董小宛之说实属望风捕影,不能成立。

关于董鄂妃身世的说法,有来于《清史稿·后妃传》的记载,这也是最具说服力的一种。董鄂妃是朝中重臣鄂硕的女儿,像很多其他大臣的女儿一样,成人后也被选入宫中,在顺治十三年的夏天,18岁的董家女儿入宫侍奉顺治帝。虽然故事的开头有些大同小异,但是,这个董鄂妃却不是一般的人物,也许她天生就与顺治帝有一种特殊的缘分吧,在入宫同年就被册为"贤妃",没过几天之后再晋为"皇贵妃"。这种说法似乎更与历史的真相相吻合。

可叹天妒红颜,这高高在上的董鄂妃虽然集千万宠爱于一身,但却在22岁便香消玉殒,才与顺治厮守三年,便撒手绝人寰。在二人的爱情正浓烈时撒手而去,留给顺治帝的只有那数不尽的思恋。董鄂妃的离世真的是生生地断了顺治帝在俗世中的所有念想。

为悼念爱妃的离世,顺治帝给予了最大规模的祭奠活动:辍朝五日,并在朝廷资金极为短缺的情况下,在景山修建水陆道场,大办丧事，举国轰动。

据《清世祖实录》记载，董鄂妃去世的当天，顺治帝不但自己痛彻心扉，而且还让满朝上下都要表现出悲痛之意，更是强行要求满朝官员以及公主、王妃们，全部聚集到景运门哭灵，不表现悲痛者处立决。并且，顺治帝自己也为董鄂妃穿了12天的丧服，并强制要求朝廷官员和命妇们为董鄂妃穿戴丧服满27天。为了让爱妃在地下仍然能过上"舒适的生活"，顺治帝还残忍地将宫中太监与宫女30人赐死，去下面伺候董鄂妃。

顺治帝悲恸欲绝，用这种超常的丧礼并不能表达尽对爱妃的哀悼。随之而来的是万念俱灰的精神状态和看破红尘、弃江山社稷如敝屣、执意要出家为僧的执念。

顺治在董鄂妃离世之后就时常会出现剃度出家的念头，并且会时常出现幻觉或梦境。有记载统计，他曾在仅仅两个月的时间里，就先后38次到访高僧馆舍，谈禅论经，与僧人彻夜交谈，完全沉迷于佛的世界。繁忙的政事也没能分散顺治对佛家的向往，他终于不顾孝庄的劝阻决定放弃皇位，净发出家。臣子甚至僧人都开始劝解顺治，国不能一日无主，皇子们年纪甚小，根本不能担起这么大的担子。可是，顺治最后还是剃了头发。这一下孝庄可着急了，火速叫人把度化顺治的僧人——溪森的师傅玉林琇召回京城。玉林琇看到自己的徒弟居然把功夫下到了皇帝的身上，恼火于弟子的胆大包天，决定从根本入手，处死这个蛊惑顺治无心于朝政、疏于江山社稷的徒弟，顺治看到"师傅"要受到牵连，无奈只好让步，头发虽然剪了，也只能先暂时做个光头皇帝，溪森这才得免一死。

虽然最终没有出家成功，但是顺治却并没有彻底断了佛缘，依然常和僧人接触谈心，排解烦闷。

由于顺治的死太过突然，而且根据他对佛家的虔诚度，所以有人猜测，顺治并没有死，而是真的出家了。康熙执政后还亲自到寺院看望过自己的老父，金庸先生的小说《鹿鼎记》也是这么描述的，但是也只是猜测罢了。

顺治虽然在位时间很短，但是在满汉融合方面还是做了一些贡献的，对待百姓也是和善可亲，所以，百姓并不希望这样一个温和的皇帝就这样谢幕，对于他的死更是难以相信，于是，对此做出了各种猜测。但是，顺治是真的在24岁时死了，并且是由于天花这个不治之症。顺治病危时，翰林院清孝陵掌院学士王熙起草《遗诏》。《王熙自定年谱》记载了这件事情："朕患痘，势将不起。尔可详听朕言，速撰诏书。"

顺治死后，有一件事或许能够让他欣慰一些，那就是终于由溪森和尚亲自主持了顺治帝的葬礼，并且在景山寿王殿将顺治的遗体进行了火化。后来，溪森的门人编辑他的语录《敕赐圆照溪森禅师语录》就记载了这件事。所以，顺治帝确是死了，而不是出家了。

康熙登基另有推手

中国历史从秦始皇开始,就从来没有在皇位继承的问题上被外国人干涉过。但当历史的脚步前行到清朝的顺治十八年(1661年)时,该谁当皇帝,这件原本该是中国人自己拿主意的事,却被一个德国人硬生生地横插一竿子。

这名德国人的插手居然改变了中国历史,让本来排不上号的三阿哥玄烨成为下一任帝王,这才有了长达61年的康熙王朝,有了"康乾盛世"。这个德国人历经明清两朝的更替,先后侍奉过崇祯、顺治、康熙三位帝王,他就是传教士汤若望。

汤若望之所以能影响到玄烨的继位,主要得益于他杰出的口才。顺治皇帝被他说服,信奉基督教,从而改变了思想。

汤若望与皇室的渊源可以说是一个传奇。明朝末年,西方国家走上了全球殖民扩张的道路,扩张之前,他们先派传教士到国外去探路,打探情况,汤若望就是在这样的背景下进入中国的。

说起这位传教士,就不得不提他的出身背景。1592年,汤若望出身于德国科隆的一个贵族家庭,他从小就接受了良好的教育,而且成绩优异，后来被保送到罗马的日耳曼学院研修神学，从而成为上帝的使者，做了一名专业的传教士。

1619年，汤若望在法国神父金尼阁的带领下到达澳门，三年后进入广东，一年后，又转到了北京。他所掌握的西方科学知识，深得明朝政府的户部尚书张问达赏识，被聘任为政府专员。汤若望就这样进入仕途，他与当地百姓结下不错的人缘，凭着自己带来的西洋玩意，让人们对他产生了好奇、喜爱之心。

汤若望十分敬业，他编写了科学文论，译著历书，推步天文，翻译德国的矿冶书籍，给明朝带来丰富的新知识。同时，汤若望还不忘宣传他的基督教义，只可惜汤若望还没有说服崇祯信奉基督教，崇祯就被逼死在煤山上了。

明亡清始，汤若望换了个主子接着宣扬基督教义。与崇祯不同的是，顺治皇帝对汤若望宣讲的知识颇感兴趣，不但尊称他为"玛法"（玛法在满语里是爷爷的意思），还对汤若望言听计从，并成为了虔诚的天主教徒。

为了支持基督教的传播，顺治皇帝拨款又拨地，在宣武门外建造了一处天主堂，即北京南堂。不但顺治对汤若望尊崇有加，就连当时的老祖宗孝庄太后也将汤若望视为座上宾，这个外国人就这样获得了皇宫的高度信任。

顺治十年，汤若望被顺治皇帝赐予"通玄教师"封号。顺治十四年，顺治皇帝又为汤若望御撰《天主堂碑记》一文，赐予了"通玄佳境"的堂额。顺治十一年三月十八（1654年5月4日），康熙出生。在康熙出生前后几年，"玄"字在顺治皇帝的心目中十分重要，给汤若望的赐物里两次带有"玄"字，自己的儿子名字里也带有"玄"字。"玄"这个字的意思包含汤若望所讲授的天文、历法、机械等在内的一整套学说。

顺治二十四年,皇帝病重,继承人成了关键问题。康熙作为顺治皇帝的三皇子不可能成为继承人。虽然大皇子已死,但还有二皇子福全。按照长幼排序,无论如何也轮不上他。但此时汤若望说出来一个谁也无法反驳的理由——玄烨出过天花,对这种可怕的疾病有了终身免疫力,再也不会出了,而福全还没出过,难保以后不会出。

顺治皇帝经过几番斟酌,最终听从了汤若望的意见,册封玄烨为皇太子。可以说,这是汤若望对清朝政府长远发展的一次大贡献。

降臣杀主，斩草除根

巨耳隆准，无须，瞻视顾盼，尊严若神。延陵将军美风姿，善骑射，躯干不甚伟硕而勇力绝人。沈鸷多谋，颇以风流自赏。

——清·陆次云·《圆圆传》

300多年前，有人用这样的文字来记载吴三桂。从字面上看，这无疑是一个充满激情、才华、能量的男人。之后，用来形容吴三桂的文字就远远不止这些了，取而代之的是另外几个更能让世人铭记于心的标签：降臣、汉奸、忘恩负义、卖主求荣……

不得不承认吴三桂实在是一个"审时度势"的奇才，总能鸟瞰大局地运筹自己下一步棋的走法，并且在行动力上快速而决断，从不拖泥带水。在那硝烟弥漫的战火之中，自降了李自成背叛了大明之后，过了仅仅5天的时间就又背叛了李自成投降了大清。不但叛了、降了，而且还要对曾经誓死效忠的主子斩尽杀绝，斩草除根之势，岂止一个狠字了得？

世人对吴三桂处死永历的决心之大很是不解。怎么说曾经也是同朝故人，而且，康熙帝为了照顾吴三桂曾是前朝臣子的特殊身份，也在诏书里特别给了他台阶下，对他说："若势有不可，慎勿强，务详审斟酌而行。"

虽然明朝已亡，可是朱氏子孙一直没有放弃光复的努力，民间仍有百姓在追忆着自己之前所在的朝代，所以，明朝的残余在江南又建立了南明政权。只可惜这个势单力薄的小朝廷在危机之下也仍是改不了窝里斗的老毛病，成天忙于争权夺利，结果被清军追得整日东逃西窜。大清朝的王土之上再没有永历的立足之地，他不得已逃到了当时还是蛮荒之地的缅甸，才算保住了一条命。永历这个人虽然微不足道，但是他的身份却着实让康熙操了不少的心。虽然灭了鳌拜、掌了实权，这个风华正茂的皇帝却还不是十分放心，全国各地反清复明的组织就是皇位坐不踏实的主要因素之一。永历这个身份使得以反清复明为目标的各支武装有了可以奉为正朔的统帅对象。永历这个人如果彻底消失，就标志着清朝扫除了最后一个具有相当实力的朱明遗脉，从某种意义上也标志着朱明王朝的彻底灭亡。只有明朝遗脉彻底灭亡，康熙才能真正睡个安稳觉。

吴三桂这时已年过六十，大荣大辱历练过来，只想着怎么在自己这一亩三分地上安享晚年了，稳住康熙对自己不起杀心是其最主要的目标。而为了得到康熙对这个外臣、还是个叛徒的信任，杀了前明永历帝不能不说是个表忠心的最好时机，这也是吴三桂不远千里追到缅甸也要取永历性命的原因。

虽然这个苟延残喘的永历为了保住性命已经逃到了荒蛮的缅甸，但是，他特殊的身份导致了他的最终结局是不会因为地理位置的远近而改变的。吴三桂作为降臣，虽然给新主子立下了赫赫战功，但是却并没有得到那个年轻有为的康熙的信任，只有做出更加让康熙钦佩的事情，才能保住自己的地位，而永历就成了吴三桂翻身的机会，吴三桂也下定决心要破釜沉舟去抓住这个机会。所以，吴三桂宁可顶着彻底遗臭万年的骂名也不可不杀这永历。

于是吴三桂顶着巨大的压力给康熙上折子，在康熙反复表示没有必要杀掉永历的情况下，他要求入缅扫灭南明残余，最后"终于"说得康熙皇帝动了心（实则也不失为是康熙对吴三桂的一场试探）。于是，吴三桂率领大军又踏上了为清廷效命的征程。

事实证明，永历投靠缅甸时所投入的金银财宝都白花了，这个小国并没有给予永历更多的庇护。一个小小的缅甸怎能抵挡得住势如破竹的清朝大军？他们甚至连稍作抵抗都不曾有，就乖乖地给吴三桂让出来一条斩杀永历的通道来，吴三桂带着几名护卫轻松地进入了永历在缅甸的住所。没过几天，吴三桂就丝毫不恋旧情地把明朝皇室的这根独苗给杀了。

亦正亦邪说鳌拜

鳌拜的一生可谓大起大落，大喜大悲。概括地来说，鳌拜早年出身将门，骑射功夫过人，是满族的巴图鲁（满语 baturu 的译音，简单来说就是勇士的意思。它象征了一种荣耀，也是激励清朝不断努力奋进的标志）。他跟随着爱新觉罗家族南征北战，无论是在关外与明军的生死交锋中，还是在入关定鼎中原后巩固统治的大小战斗中，都展现了一代武将的英姿勃发之势，是功臣更也是忠臣；他的一世英名却在大势已定时未能保全，在康熙初年辅政时期飞扬跋扈，独揽朝政，展露逆反之心，最后败在还是少年的玄烨手中，虽然凭借着赫赫战功免于刑戮，但也最终身死禁所。

鳌拜还是一心为主的忠臣时，谁都不会想到几十年之后的鳌拜会来个如此巨大的人格大逆转。还在皇太极当政的时候，鳌拜虽然年轻，却也早早地就鞍前马后随征出战，凭借着一身武艺为皇太极立下了赫赫战功。君臣二人也在合作中建立了深厚的情谊。皇太极死后，鳌拜依然初衷不改地辅佐皇太极的儿子——顺治，并且是在面对多尔衮这种强敌的威逼利诱下。坚持了数年，终于等到多尔衮死去，少主顺治正式登台，鳌拜才又重见天日，这时已经位居忠臣行列。

对于这个看着自己长大的，并且始终陪伴左右的老臣，顺治可谓是重视至极，不仅让其管理国家大小政事，还在自己临死之时封他为辅政大臣辅佐自己的儿子康熙。

随着顺治咽下了最后一口气，鳌拜忠义之臣的形象也渐渐开始落下了帷幕。早期的一代忠臣在晚年时却死于篡位造反的罪名之下。而亲手为他钉棺的就是皇太极的孙子、顺治的儿子——康熙。

如果说欲望是个无底的大坑，那么权力就是一根充满了魔法的魔杖，人的意志稍有怠懈就会被它的法力所引诱，最终掉进坑中，葬身其中。鳌拜正是在顺治死去之后不知不觉沉浸在了欲望的旋涡中慢慢被淹没的。顺治托孤的时候，鳌拜虽然名列四大辅臣之末，却在后来一步步地走到了首位。

在利益与忠义的天平上，鳌拜还是倾向了利益。鳌拜后期的"奸"终将把之前大半生的"忠"给抹杀全无。

一个人从大"忠"到大"奸"，除了自身的心理变化，也离不开外界环境、条件的滋养。鳌拜一世英明的毁灭从根本上说，其他三个辅臣也有责任。索尼在当时的四位辅臣中资历最高，他本身文武兼备，是四朝元老，比鳌拜资历还要深得多。但是年龄不饶人，人到老年之后，就会对责任的认知度有所减弱，再加上索尼也确实是年老体弱，很多事情都已经力不从心了；另一方面，索尼之所以对鳌拜采取放任态度还由于四大辅臣中的苏克萨哈实在不能入他的眼，因为苏克萨哈本是多尔衮的手下，后又归顺于顺治的。所以，在鳌拜和苏克萨哈产生矛盾，激烈争斗时，索尼的这个天平就自然而然地偏向于鳌拜，倒不是因为他和鳌拜有多么的"情投意合"，只是因为对苏克萨哈有太多厌恶。

而苏克萨哈虽然身为一人之上万人之下的辅政大臣，却由于自己曾经有过变节经历，所以不但别人瞧不起他，就连他自己也多有自卑心理。两者加起来就造成了苏克萨哈在四大辅臣中是最没有地位的一个，可以说是一个完全的摆设，对鳌拜或者索尼都没有牵制的作用。所以，尽管鳌拜与苏克萨哈有姻亲关系，但是在很多行动上，鳌拜都是在针对苏克萨哈。

四个辅政大臣中的最后一位，遏必隆，姓钮祜禄氏，有个背景很深厚的家庭，其父亲是后金五大开国元勋之一的弘毅公额亦都，母亲是和硕公主。按说在如此深厚的家庭背景支持下，要大展拳脚未必是件难事，但是，这个遏必隆本人却是个胆小怕事、随波逐流之辈，虽然官至辅臣之职却完全没有乃父遗风，能力非常有限，常常追随鳌拜。

正是在这种背景下，毫无牵制力量的鳌拜胆子越发大了。其他三人有的想着明哲保身，有的自愧低人一等，有的只为趋炎附势。所以，在辅政期间实行的政策基本上是鳌拜一人之见，这无疑是往鳌拜野心的小火苗上实实在在地浇了一桶汽油，形成燎原之势。这样，从1661年到1669年的四大臣辅政时期的历史，实际也就是鳌拜逐渐专权的历史。孝庄和玄烨，老的老、小的小，对于鳌拜来说不足为惧。后来的事实证明，他小看了孝庄这个年过半百的女子，更低估了玄烨这个表面上只顾吃喝玩乐的小儿。

鳌拜是一代武将，先后跟随、辅佐过三个皇帝，辅佐顺治时，皇太极余威、余恩犹存，而且顺治也是他力争而立的，所以他还能忠心耿耿。可玄烨就不一样了，辅政时鳌拜已然是三朝老臣，且掌握大权，没有与之对抗的人，所以他对年幼的康熙也就不那么看得入眼，蔑视之意渐渐公然表露。

在朝堂之上，鳌拜常常横眉怒目、张牙舞爪地当着重臣的面顶撞小皇帝，呵斥大臣更是毫不顾忌。遇到重大节日时，鳌拜也身穿黄袍，只用帽结作为唯一区别。他一次又一次地挑战着康熙的忍耐力，更是无时无刻地打击着对他的权势构成威胁的人。

鳌拜对康熙周围的人尤其注意，稍有风吹草动就大开杀戒，视国法于不顾，在康熙身边当差的安费扬古就是死在鳌拜之手的一个冤魂。因为在康熙身边当差，所以安费扬古见到鳌拜的次数比较频繁，加上鳌拜与他父亲之间的过节，所以安费扬古对待鳌拜的态度当然不好。鳌拜怀恨在心，想方设法地寻遍机会对付他。

欲加之罪何患无辞，在康熙三年（1664年），鳌拜终于以一些莫须有的罪名把眼中的仇人安费扬古送上了永远的不归路。其实鳌拜也就是随便给安费扬古找了一个罪名，连康熙的面子也不给。

儿子死得如此之冤，作为白发人送黑发人的老父费扬古当然对鳌拜痛恨不已，可是还没有找到报仇的机会，就被鳌拜给处死了。

鳌拜后期简直到了无法无天的程度，一点小事就能点燃他心中的怒火，康熙的话更是不能入耳。朝中的大臣们也各个因为鳌拜的举动而草木皆兵，因为得罪鳌拜总免不了一死，只是或早或晚的问题。苏纳海、朱昌祚、王登联三人是鳌拜屡次寻思中的陪葬品之一。康熙自然也深知其中奥妙，但是因为手上没有实权，便召集辅政大臣询问意见，希望其他辅政能站到自己的一边谋求转机。没想到索尼、遏必隆附和，苏克萨哈知道自己若反对极易惹火烧身，只是沉默不语。康熙气极,虽然鳌拜层层施压,但仍不允许鳌拜所奏,只是批准刑部拟定的处罚,即将三人各鞭一百,没收家产。康熙十分想把这三人的性命保住,不惜与鳌拜硬碰硬,但没想到康熙破釜沉舟的反抗终究还是没能改变三人惨死的结局。这时,一代忠臣的影子在鳌拜身上再也寻觅不到了。

虽然由于孝庄太后联合索尼、苏克萨哈在后台的运作,使康熙在14岁时终于得以亲政,但是鳌拜却不想就这样退出政治舞台,更加放肆地想要排挤甚至处死其他辅政大臣,而首当其冲的就是苏克萨哈。这时候,鳌拜拟定那些莫须有罪名的功夫已经炉火纯青,他给苏克萨哈捏造了包括心怀奸诈、久蓄异志、欺藐幼主、不愿归政等24款罪名,提出将其处以凌迟、族诛这样的极刑。虽然苏克萨哈不该杀,康熙也对其极力保全,可是到最后他还是难免死于鳌拜的屠刀之下。这时候的康熙已然逼近了将要爆发的临界点,鳌拜在民间为非作歹,自己为他背黑锅,朝中的忠臣又被他一个个迫害致死,大清的江山如果继续这样进行下去,势必会被新的崛起力量赶出政坛。孝庄太后也感到,这鳌拜已经到了不得不除的地步。于是,祖孙二人紧锁眉头在灯下苦苦琢磨,到底怎样才能将鳌拜一举拿下?

每个成功男人的背后都有一个女人

近三百年的清王朝历史中，有两位女性对历史进程的影响是绝对不可忽略的。一个是带给大清乃至整个中国巨大灾难的慈禧，另一个女性便是孝庄。与前者恰恰相反，孝庄几次力挽狂澜，救大清于危难之中，更是培养出了"千古一帝"——康熙。可以说，康熙在政治上的成就离不开祖母孝庄太后的悉心栽培，那风光无限的"康乾盛世"更是有孝庄的一份劳苦在其中。

可以说，没有孝庄就没有康熙的帝业。正是孝庄身上所充溢的政治家和教育家影子，塑造了康熙在政治修为上的成就。康熙自从顺治手中接过了一堆烂摊子开始，除鳌拜，平三藩，收复台湾，平定了北方和西北地区叛乱，与侵略中国东北大片领土的沙俄侵略者做出了顽强的斗争，逼迫沙俄侵略者退军境外……这一切功绩的背后，大都离不开孝庄明里暗中的推波助澜与紧要关头时的力挽狂澜。

年幼的康熙接收了父亲顺治死后留下的大片江山，茫然四顾，就算是天生我才，才刚刚八岁的娃儿，在豺狼虎豹的围追堵截中又能创建出什么伟业来？真的是除了自己的祖母，几乎没有一个真正可以信赖的人。

在利益诱惑之下，忠与奸的转化往往就在眨眼之间。当初信誓旦旦的四大辅臣终究也没有禁得住考验，背叛的背叛，自保的自保，背离了誓言各做打算，完全不把这对祖孙放在眼里。玄烨年龄还小，对此自然难以应付，只觉得鳌拜那斗大的拳头越来越多地在自己的眼前挥舞，除了委屈、气氛、无助、恐惧，再无其他。

但政治经验丰富的孝庄，却不露声色地密切注视事态发展并一次次给孙子出主意。鳌拜的飞扬跋扈一次次挑战着年轻气盛的玄烨，但在玄烨决心爆发前一刻，总会有孝庄用安抚、坚定、睿智的话语将玄烨胸中愤怒的火焰熄灭，让这位少年天子明了一个"忍"字的深刻含义。让他明白忍不单单是委曲求全，更能成为手中的救命稻草。在力量薄弱的时候，务必遵循一个"忍"字，越是风雨飘摇的时候，越应该忍辱负重，忍气吞声，忍耐的同时笼络大臣，等到势力大了，再将乱臣贼子一网打尽，这可算是孝庄给玄烨上的第一堂课了。

孝庄不但让玄烨忍辱负重，自己也放低了身为皇太后的高贵姿态，对四大辅臣，尤其是鳌拜向来都是刚柔并施、好言好语相对。她这样做，无非是想在这幼君继位之初，稳定朝堂。

鳌拜辅政期间结党营私，专横擅权，全不把皇上、太后及其他辅政大臣放在眼里，苏克萨哈因与他抗衡，遇事力争，被诬陷致死。因圈地事件，鳌拜尤其与玄烨的老师魏承谟结怨颇深，不时地向孝庄进言要求更换帝师，想就此除掉魏承谟这个忠良。孝庄深知魏承谟的委屈，但更知道鳌拜手中权力的厉害，决定还不宜逆他的意，故而顺水推舟表示早有换师之意，只是苦于没有合适人选。完全没有贵为皇太后一说不二的架势，就算是鳌拜想找碴儿，也像是一拳打在了棉花上，完全发不出力来。但在鳌拜准备致忠臣于死地的时候，孝庄又强如钢铁，毫不含糊。之前，孝庄同意解了魏承谟的职其实是想留他一条生路，等鳌拜明着说想杀了魏承谟之时，却也是力保忠臣毫不退让。鳌拜让玄烨气愤难忍，同时也让孝庄急在心头，心里不时在暗暗地盘算着，怎样才能为自己的孙儿除去这一个祸害。

孝庄就是这样，一边安抚着权臣，一边安慰着孙子，一边在烛光摇曳中夜不能寐，苦思让孙儿在不利局势中站得住脚的灵丹妙药。为了笼络其他辅政老臣，孝庄亲自登门拜访称病的索尼，还特意为他的孙女和康熙安排了大婚，将索尼的孙女封为皇后，双方结为亲家。

索尼不肯舍命为康熙办事，但是他得为自己家族的荣辱兴衰考量。直接与皇帝攀上亲戚并不是谁都有这个资格的，所以，老了却不糊涂的索尼决定拼着自己的一把老骨头，为自己的儿孙搏上一搏。

在为孙儿择立皇后时，孝庄舍去遏必隆之女，选中赫舍里氏，旨在防范鳌拜借镶黄旗之女成为皇后之机，进一步扩大实力，同时也是针对主幼臣骄的情况，对清朝元老索尼及其家族予以荣宠的笼络措施。孝庄此举还改变了皇太极和福临时期皇后莫不出自蒙古博尔济吉特氏的惯例。这并不意味着忽视满蒙贵族联姻政策，而是从巩固皇权、安定政局的现实角度出发，全然以大局为重，表面上只是一场场普通的皇帝选妃，却也能看出孝庄虽为深居简出的女流之辈，其实更是一个拥有着战略眼光与灵活态度的女政治家。

敌众我寡的形势迫使孝庄在之后一次又一次地频走险招，险中求准地把赌注压在了九门提督吴六一的身上。孝庄犀利的眼睛并没有被后宫厚厚的围墙阻拦在内，她看清了吴六一的性格之本质，并对症下药地施以仁义与信任，而非动用金钱与权力。后来吴六一果真在铲除鳌拜时不负重托，立了大功，把决定大清命运的一场戏完美地演完。

嚣张的鳌拜怎么也不会想到自己戎马一生却栽在几个布库（满语意指摔跤手）拳下。

玄烨对自己的祖母充满了寄托之情，凡事不论大小，都要听取一下孝庄的意见。鳌拜下台之后，孝庄放手让玄烨治理朝政，使年少的皇帝在实践中得到了充分的锻炼。

康熙十四年（1675年），正当三藩作乱时，蒙古察哈尔部布尔尼乘机叛乱，这对根基不稳的清政府而言无疑是雪上加霜，严重威胁到京师的安全，康熙日不安食、夜不能寐。关键时刻，孝庄皇太后坚决果断地做出决策，全力支持康熙平乱，并且拨出宫中金帛加以犒赏三军，还向康熙推荐人才说："图海才能出众，盍任之。"康熙定然是信任不疑，即诏图海"授以将印"，令其领兵前往。图海很快就平定了布尔尼叛乱，使局势转危为安。

在祖孙二人的携手努力下，清王朝从动乱走向稳定，经济从萧条走向繁荣，清王朝在康熙王朝形成第一个黄金时代，其中包含了孝庄的一份功劳和心血。

十天还完八年受的气

鳌拜是满洲的巴图鲁，自然也精通于摔跤等运动，但是这一介武夫没想到最终会败在自己最擅长的摔跤中。

鳌拜可以说是康熙执政以来扎在心中的第一根刺，也是最难拔的一根。他的专横跋扈已经让康熙到了忍无可忍的地步，不得不冒着破釜沉舟的危险放手一搏，为自己争取一点生机。令康熙无须再忍的原因还有各种反对鳌拜实力的团体纷纷集到康熙周围以寻求政治保护。就在鳌拜整天沉迷于权势旋涡中时，他根本就不会知道康熙时时刻刻都在想着如何推翻他这个辅政大臣，如何夺回原本就属于自己的权力，如何能够亲自掌握整个国家。给康熙又加了一把油的是，满洲贵族中鳌拜一代已经老去、逝去，新的一代已经形成，他们对鳌拜曾经辉煌的战绩毫无印象，只是对他的飞扬跋扈记忆犹新，也正是新生的这一代，成了年轻皇帝的心腹和可倚重的力量。

让康熙坚决下定决心除去鳌拜的是自己身边的一些侍卫。

这些整天跟在皇帝身边的侍卫，对鳌拜的惧怕甚至大过了对皇上权威的惧怕；也有侍卫对鳌拜崇拜得无以复加，甚至还有人追捧鳌拜为"圣人"。显然，怕鳌拜和捧鳌拜的两类人明显都不是无权的康熙能够依靠的了。他只能另起炉灶,训练出一支值得信任、专为自己效忠的禁卫队。当然,这里少不了孝庄太后的推波助澜,他们共同密谋、挑选了一批忠实可靠的年少有力、善扑营,又不能为鳌拜所收买的亲卫队。这时期,索尼已经归顺于康熙,并让自己的儿子索额图亲自统领这些精挑细选出来的少年们,每天在宫中练习摔跤,伴随着抓蝈蝈、追迷藏,康熙以玩乐的行径麻痹了鳌拜一天又一天,一直到自己有足够的实力能够对付鳌拜为止。

这群少年侍卫练习时就算是碰见了鳌拜也并不回避,越是防范敌人就越能引起敌人的疑心。他们在玩闹中带着无比的认真专心练习。鳌拜并没有想到这场游戏其实是为他而准备的,有兴致的时候,身为满族第一"巴图鲁"的他还会亲自示范,帮着康熙给自己的坟墓挖坑掘土。鳌拜只以为康熙年幼无知,天性好玩,心里不免更加得意、坦然,希望康熙再放纵一些。

自以为高枕无忧的鳌拜还美滋滋地享用着万人之上的待遇之时,康熙也逐渐地准备好了一切。

1669年6月14日,对于康熙和鳌拜来说都是一个命运就此转变的大日子。索尼的儿子索额图在擒鳌拜时起到了关键性作用。康熙与索额图等设下计谋,其实,他们设计的计谋很简单,就是趁鳌拜不警惕之时用摔跤这个游戏将他拿下。事后看来,康熙赢就赢在了鳌拜对他轻视上。这擒拿的过程确实也十分顺利。

已经无法无天、目中无人的鳌拜接到传他入宫的圣谕,还像往常一样坦然单身入宫。只是没有想到,再从宫中出来,将要面对的情景便是天上地上的差别了。康熙隐忍到现在,终于有机会能出口恶气,不成功便成仁,事到如今,再没有后路可言了。把自己和祖母的身家性命全部压在一群年纪轻轻的布库身上,是有些冒险,但是风险越大，暴风雨过后的回报就越丰厚。想到如果把鳌拜制服就能顺利继位从而施展抱负，此赌注值得一下。

鳌拜虽然武艺高强，但是毕竟舒服日子过得久了，在武功修为上难免有所疏忽，再有也确实是上了年纪的人了，加之布库们年轻气盛、有股不怕死的劲头，人数更是占了天大的便宜，不能不说这是一个也是唯一一个能够转败为胜的好机会。

朝堂之上，愤怒一并涌出心头，康熙大声痛斥鳌拜，细数其过去的种种罪状。鳌拜早已看惯了软弱可欺的康熙，不曾料到其还有这样凌厉的一面，心中不由一怔，心知不妙。但他毕竟在朝中专横跋扈久了，打心底里就没看重这个年轻的皇上，很快又恢复了镇静，和康熙对峙起来。

令他意想不到的是，如今的康熙已经完全没有了平日中的忍耐力，把自己平时的罪状通通细数一遍：违背先帝嘱托、结党私营、肆意妄为、残害忠良、欺君罔上、罪大恶极……

鳌拜到了这时才发觉自己可能掉进了圈套，恐怕在劫难逃，心一横，攥紧拳头，向康熙扑去。事先埋伏在暗处的布库群起而攻之，鳌拜根本不能近皇帝的身。鳌拜当年冲锋陷阵，横扫千军如卷席，如入无人之境，哪里会把这几个布库放在心上，岂知这些少年早已经练得武功精湛，又早有准备，一拥而上，将鳌拜掀翻在地。

心中的这根刺终于拔掉了，眼前这个巨大的幸福并没有冲昏了康熙的头脑。鳌拜势力党羽众多，康熙现在羽翼未满，虽说已把鳌拜活捉却也不能掉以轻心。把鳌拜收押在狱之后，康熙以迅雷不及掩耳之势逮捕了所有鳌拜的私党，将这个盘根错节的网一并歼灭。

这天翻地覆的变幻在朝野上下掀起了轩然大波，大臣们震惊于威风凛凛的鳌拜就这样栽在了一个16岁的孩子手中，又不禁为康熙的隐忍和果断行事作风感到意外。旗帜通通转向康熙，并遵照圣旨审问鳌拜，罗列了鳌拜三十几条罪状，判鳌拜革职立斩，没收家产，鳌拜的党羽或被绞或被斩，大快人心。

鳌拜与康熙再次相见于朝廷之上，已是今非昔比。鳌拜心知在劫难逃，事到如今只希望能保住一条性命。为了免于死刑，鳌拜在群臣与康熙面前脱下了衣服，把他当年随皇太极南征北战的累累伤痕给康熙看。那是战功的标记，也是殊荣的象征，现在更是自己免于死刑的唯一筹码，他抓住了康熙心中柔软的部分。

经过了人员大洗牌的朝廷公布了处理结果：

> 鳌拜系勋旧大臣，受国家厚恩，奉先帝遗诏，辅佐政务，理应尽忠职守、精忠报国，不想鳌拜结党专权，紊乱朝政，欺君罔上，肆意妄为，任人唯亲，嫉贤妒能，种种证据确凿，不胜枚举。本当依议政诸王意见处以极刑，念其为国家效力多年，不忍加诛，从宽免死，革职拘禁。遏必隆知其奸恶，却明哲保身，有负先帝委任，念其没有参与结党，免其重罪，削去职衔。其余党羽宽宥免死，从轻治罪。朝廷内外满汉文武官员依附鳌拜者，都免其查处。今后当洗心革面，痛改前非，务必遵循国家法度，勤勤勉勉，尽职尽责。

8岁即位，康熙忍辱负重了8年，16岁时抓准时机一动则动全身，雷霆万丈、气魄逼人，多年的恩怨也就仅用了10天时间就全面处理妥当。考虑到自己的根基不稳，他对鳌拜的同党表现出了较高的容人之量，法外施仁，区别对待，从轻发落，颇得人心。此案的处理，表明年轻的康熙在政治上已经趋于成熟。

康熙掌握朝廷大权后，宣布永远停止圈地，平反苏克萨哈冤案，甄别官吏，奖励百官上书言事，由此开始了清朝历史上崭新的一页。

皇帝不放话没人敢行动

作为中国封建社会的最后一个历史长久的王朝，清朝从没有放松过对可能威胁皇帝权力的弊端的防范。为此，清朝的各代统治者，尤其是前期统治者，都采取了种种预防措施。如顺治皇帝为了避免太监聚集自己的人脉体系威胁朝政，特意规定太监由内务府衙门进行严格管理，各级官吏都有权力对外出的太监进行监督。对干政、结纳官员、擅奏外事的太监要处以凌迟之刑。顺治皇帝还命人打造铁牌，录此条规于上，警示后代遵守。

又如从清朝初年开始，朝廷就在各地的府学、县学内设立卧碑，严格控制朋党问题，顺治皇帝曾经下诏于天下，说"士习不端，结社订盟，把持衙门，关说公事，相煽成风，深为可恶，著严行禁止"。同时寻找各种机会，大肆镇压江南地主阶级知识分子，结果，明朝以来结社分党的风气得到控制收敛。在这个问题上，顺治以后的几个皇帝也都做出过类似的举措，例如康熙曾表示，"人臣分立门户，私植党羽，始而蠹国害政，终必祸及身家"，雍正还为此写了一篇《朋党论》，告诫百官。

为了确保实权不旁落，清朝前中期的皇帝大都精明干练，勤于朝政，而且对朝政大小事务多求躬亲处理。例如康熙说，"今天下大小事务，无论巨细朕心躬自断制"。雍正的细心负责，甚至曾招致一些官员的抱怨，雍正帝听后破口大骂，说他们是"无知小人"，并认为他们是想蒙蔽上听才害怕皇帝英明。此后他对此事更是变本加厉的限制，"设缇骑，四出侦伺凡闾阎，细故无不上达"，还增设特务机构由自己亲自掌握。到了乾隆年间，乾隆本人依旧延续了先帝事必躬亲的做法，"亲阅本章，折中酌定"，其他任何大臣都不得干预。

纵观皇权加强的发展脉络，各个朝代所采取的措施各有差异，而清朝又换了一种方式维护它。

首先，在与反对势力的各种离心斗争中，清朝统治者加强并发展了专制皇权。在清军入关以前和入关初期，爱新觉罗皇室内部为了争权夺利，曾发生过一幕又一幕的残杀悲剧。在当时，战胜内部诸王旗主的反对势力，是有效地打击农民军和南明王朝的前提，也是平定"三藩"叛乱、巩固全国统治的先决条件。康熙以后，清朝统治者多管齐下，大力削弱诸王旗主的势力，削减满族亲贵势力集团和议政王大臣会议的决断权力，使它们形同虚设。另外，为了进一步加强皇权，削弱诸王旗主的努力从来没有因为皇帝更替而停止过。

其次，清朝专制皇权的加强与清朝中枢机构的演变有着密切的联系。清初，议政王大臣会议是最高的中枢机构。"国初定制，设议政王大臣数员，皆以满臣充之。凡军国重务不由阁臣票发者皆交议政大臣，每朝期坐中左门外会议，如坐朝仪。"这种政治体制，会导致国家权力被少数王公贵族掌控，不利于权力的集中，也符合清朝加强专制统治的需要。后来，议政制度逐渐被内阁制度取而代之，王公旗主的势力也伴随着制度的更替受到削弱而趋于衰落。

内阁制度也是专制政治的产物，是废除了宰相以后为辅助皇帝处理政务而设立的。然而自1658年设立以来，内阁制度却因为统治集团内部的斗争而时设时废，影响皇权稳固。

康熙十六年（1677年），为了集权的需要，康熙选调翰林等官入乾清宫南书房当值，称作"南书房行走"，人数不定。南书房中各位大臣的职责，除了伴随皇帝吟诗作画外，最主要的职责是遵循皇帝的意思拟写谕旨，颁布行政命令。所以他们这个团体实则是皇帝处理政务时的秘密辅助班子。按照当时的规定，出入南书房的官员都是皇帝的亲信，"非崇班贵匜，上所亲信者不得入"。当然，为了调和统治阶级内部的矛盾，康熙皇帝还有意挑选了一些像张英、高士奇这样的汉族地主知识分子进入南书房，以显示自己的明君风范，也以此作为一种笼络人心的手段。

雍正年间，在与准噶尔部作战时，雍正为了处理紧急的西北军务，"始设军需房于隆宗门内"，挑选内阁中谨慎可靠的中书办理机密事务，以后改为军机房，又改为军机处。雍正七年（1729年），任命怡亲王允祥和大学士蒋廷锡、张廷玉办理机务。次年添设军机章京，满汉各8人，轮流担任皇帝指派的工作。自此以后，南书房就不再参与机密事务，又成了专司文词书画等事的清静之地。

作为封建专制主义中央集权高度发展的产物，军机处的特点是地位显赫，政务繁杂，"军国大计，罔不总揽"，而且处理迅速且机密，防范严密，绝对地听命附属于皇帝，没有丝毫独立行动和决策的余地。军机大臣在某种程度上只算是一个兼职，由皇帝从亲王、大学士、尚书、侍郎中指定特兼。他们的主要职责是按照皇帝意志起草谕旨，在皇帝召见过程中，没有特旨召见，其他一干人等包括侍奉左右的太监宫女，一律不得入内。

总的来说，通过中央机关的调整，清朝皇帝一步步掌握了整个中枢统治网的核心。作为上天意志的体现者，专制皇帝要求天地万物臣服于自己，绝不容许任何人和自己对立。从整个历史的角度来看，皇权的加强，关系到整个王朝的沉浮兴衰，是维护自身阶级统治的必然趋势，经济的发展、疆域的辽阔、民族关系的复杂无一不需要有一个强有力的皇权中心。

学习好的有官当

由于官僚机构膨胀，清朝形成了庞大的官僚网络。清代官书上记载说，当时全国官吏的总数大约是 3 万人，数目远远大于宋、明两代。

在当时，清人大约可以通过 6 种途径进入仕途，即特简、会推、荫袭、荐举、捐官和科举。

特简，是指由皇帝直接任命升任做官，这样的官员不受任何法律条例的限制。据《清会典·宗人府·宗令宗正宗人职掌》中记载，宗人府中的宗令一职常从亲王或者郡王中特简而来。

大臣之间互相推举任用的为官方式，则称为会推。清代陈康祺的《郎潜纪闻》中就曾提到过会推福建按察使的相关事宜，当时皇帝遴选天下贤德而爱民的官员，希望通过这种方式能起到"不拘一格降人才"的效果。

荫袭是一个家族内部的官员任用制度，按照当时的规定，凡是有功的官员，或是以身殉职的官员，他们的子弟可以在自己死后，通过荫袭得到其长父辈的官职。

荐举制度是和以上三者并行的第四种入世方式。在朝为官的人遇到有才之士，都可以通过这种方式将他们推荐给自己的上司或者皇帝。而且在众多的方式中，荐举是皇帝较为提倡的一种。例如史书记载，康熙二十三年时"命廷臣察举廉洁官"，雍正四年"诏诸行省举贤能吏"，乾隆时多次下令命廷臣密举贤能。

荐举有一定的条件限制和规则："九卿荐举，毋得保举同乡及现任本省官吏。"所荐举之人，在荐举成功后，做出不俗成绩的，他将连同荐主一同受到朝廷的奖赏。反之，隐瞒被荐者真实信息或者曾经有罪行的人，被荐人上任后无政绩的，荐主会受到连坐处分，这就是所谓"得人者优加进贤之赏，舛谬者严行连坐之罚"。

清朝还实行捐官制度（又称捐纳），起初捐官只是偶尔用于士子"纳粟人监"的过程中，而且捐纳并不能获得实际的官职。后来，被革职的官员可以通过捐纳粮换取官复原职的机会。真正意义上的捐官制度实际上是在康熙十三年时兴起的。当时正值"三藩"之乱，朝廷为了补给军费，便以"搜罗异途人才，补科目所不及"为借口，实行捐纳制度招募军费，结果三年内收入白银达二百余万两，捐纳的知县达五百余人。后来，为了防止捐官制度的泛滥和捐官上任者滥用职权，康熙曾规定：捐纳官员以三年为任职期限，三年后，政绩考核称职者可以升职或者调职；相反不称职的人，则会遭到参奏罢免。

这项规定的初衷虽然是好的，但是在实际上操作中却很难得到彻底的贯彻执行。平定"三藩"叛乱后，捐官制度一度废止，但是后来清朝又遭逢西安饥荒、修永定河工及青海用兵等棘手问题，捐官热潮再次卷土重来。雍正时，除道府不准捐纳，以下各官几乎皆可靠捐纳获得，而且捐纳范围从文职扩大到武职。到乾隆时，文官最高可捐至道府郎中，而武官则可捐至游击，就连科举考试的贡生、监生也可以用钱财捐纳得来。

捐纳制度的实行，为清朝政府找到了一条增加财政收入、弥补经费不足的捷径，同时也为地主、商人、学者进入仕途提供了方法。但是随着捐官制度的无法有效遏制，清朝官僚机构不断恶性膨胀，导致官吏素质日益低下，越来越多的贪污腐化现象时常涌现。所以，清代政治腐败的弊政与此不无关联。有人说"捐一州县所赞无多，有力者子弟相沿。争为垄断，无力者称贷而至，易于取偿。官不安于末秩士不安于读书，庆志纷然，群趋于利，欲其自爱，其可得耶"，"捐途多而吏治益坏，吏治坏而世变益亟，而度支益蹙，度支蹙而捐途益多，是以乱召乱之道"。

最后，科举才是众多入仕方式中的正途。从隋文帝开始，中国古代的封建政府大都沿用科举制度，并以此作为选拔官吏的重要途径。在明朝时，科举分乡试、会试和殿试，能否考中完全取决于考生八股文写作的优劣。清朝沿袭明制并稍作改善，继续推行科举制度，以此作为培养和选任官吏的主要渠道。

清人参加科举考试，依次要参加童试、乡试、会试和殿试。参加童试的人，称为童生或者儒生，目的是通过此种考试获得秀才资格，继续参加其他的正式科举考试。

三年举行一次的乡试考点设在各省省城。具有秀才资格的人方能参加乡试，考中后的秀才可荣升为举人，举人又有解元、亚元之别。

会试会被安排在乡试后的第二年春天举行，考场一般设在礼部，故又称会试为礼闱，或春闱。参加会试的举人高中后被称为贡士。

殿试是科举考试的最后阶段。此次考试由当朝皇帝主试，主考策问。通过殿试的贡士统称为进士。进士根据三甲录取的名额又分第一甲进士及第、第二甲进士出身和三甲同进士出身。为现代人熟知的状元、榜眼和探花，实际上是第一甲的前三名，合称为三鼎甲，可直接进入翰林院供职。

而二、三甲的进士可以在此报考翰林院庶吉士的职位，当时称为"馆选"，考中者可进入翰林院读书，为以后做高官做准备。不中者朝廷则会量才另授其他官职。

在科举考试方面，清代沿袭明制，以八股程式为考试的主要内容。考官会从四书五经中拟出试题，并要考生严格按照相关的思想要求、段落格式作答，不得有多余的阐释发挥。因此，八股取士实则是统治者禁锢知识分子思想的一种手段。

康熙年间，为了招揽人才，缓和汉族士大夫的敌对情绪，扩大统治基础，考试科目增加特科，如博学鸿词科、经学特科等，多是在康熙、乾隆南巡时进行特别召试。康熙十七年（1678年）开"博学鸿词科"，考生先由内外大臣荐举，不分已仕未仕只要有些声望的一律录取，历史上这次被取用的50人中有名士朱彝尊、汤斌、潘耒、毛奇龄、尤侗等人，都被授以翰林院官职，后来有人称这次特科为"得人极盛"。

广泛推行科举制度不仅为清朝选拔了众多维护本朝统治的人才，也在一定程度上扩大了清朝政权的统治基础。

清朝官吏的任用方式有以下几种：

署职：初次任官两年或三年后，考核称职者会被朝廷再次授以实权。

兼职：即一官兼任多个职位，比如大学士例兼尚书，总督兼兵部尚书、右都御中。

护理：一人同时集一个较低的官职和较高的官职于一身的称为护理。

加衔：在自己原本官职的基础上被追加品级稍高的官衔，如以道员加布政他衔。

额外任用：皇帝特殊的优遇，如康熙年间，徐元梦因翻译成绩优异，皇帝特别授额外内阁侍读学士的职位。

革职留任：一个官员虽然被革职了，但依然留任处理原来职位的主要事务。

在这方面，清政府对汉族官员和满族官员是区别对待的。所以有时会为了维护满族官员的特权，而在官员的民族上做出限制。由此可见，清政府既需要借助汉族官吏的才力进行统治，又害怕他们结成势力集团与满族亲贵对抗，因此在任用汉族人的同时又加以防范，在任用制度之外建立"回避制度"和"连坐制度"。

按照"回避制度"条例规定，汉族官吏不能在故乡所在省份任职，而且在与此省周边的五百里以内，也要回避；选补外任官员如果和他的上司有宗族亲戚关系的人，按理当回避，目的是避免汉官利用乡土亲族关系，结成势力集团占据一方，犯上作乱。

"连坐制度"是指高级官吏荐举低级官吏，如果被荐者有罪，荐主也要受处分的一种规定。在具体的施行过程中，只要其中一人出现问题，不管上下级官员有荐举的关系与否，都要负有连带责任。

清朝初期，政府对官吏的资格限制比较严格，按照当时的规定，充任官吏的人必须家族清白，没有犯罪前科，而且八旗以下的人、汉族人的家奴和随从均没有机会进入仕途，有些官职如詹事府、翰林院、吏部、礼部各司郎，还对谋职者的科举成绩有严格的要求，只有科甲正途出身的人才能担任以上职位，而且这些职位是不可能通过保举或捐纳等手段和途径获得的。

在整个的官僚体制中，考核制度是其中的重要环节。一般情况下，地方官的考核成为"大计"，每三年举行一次。京官的考核叫"京察"，主要根据他的政绩情况，决定其去留和劝惩。具体的考核方法，分为三个步骤。

首先，地方总督、巡抚和三品以上的京官要亲自述职，陈述为政期间的相关得失，考核方法是地方总督、巡抚及京官三品以上者自陈政事得失；然后由吏部、都察院根据他们的陈述做出考核。最后，考核结果为一等的官员，官品加一级，地方官员考核不合格的将受革职处分，而且还不会有官复原职的机会。在这个过程中，如果有代替考核、徇私忤逆者都会根据当时的保举连坐法规受到相应的惩处。可是，整个考核流程，无论京察还是大计在实践中大都流于形式。

第二章
平三藩，复台湾，定边疆

引清入关，吴三桂背叛了明王朝，也背叛了李自成。身为大清王朝的平西王，吴三桂再次举起了反旗。昔日的功臣成为了今朝的逆贼，云南、广东、福建，三藩纷纷起兵反清，不为复明，只为称帝。刚刚亲政不久的康熙，该如何面对？明朝最后的残党远避台湾，宝岛之上的小朝廷依然打着朱明的旗号。国土不复，江山不全，一代大帝康熙当做何抉择？

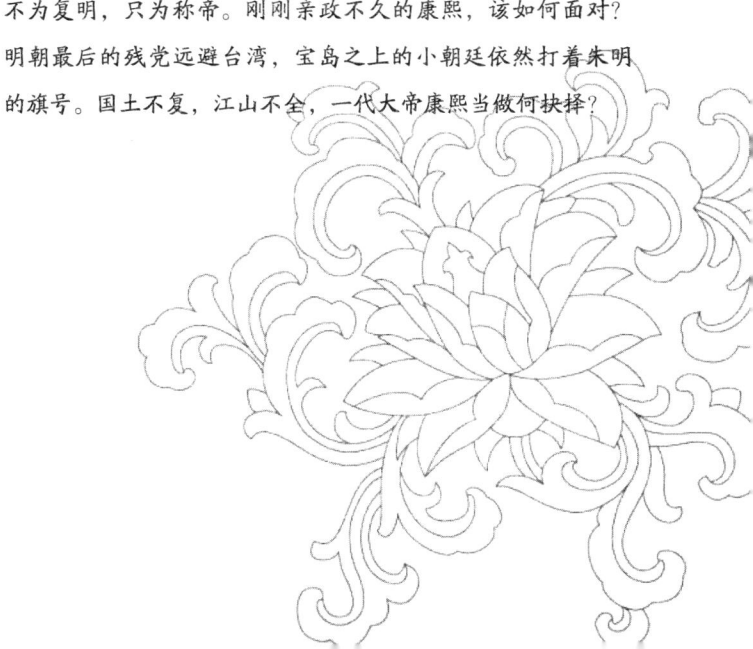

吴三桂，你别太得意

清初，为了充分利用汉族降将的力量，同时也是为了稳定人心，朝廷先后封了四位汉族人藩王。他们不是别人，正是最早归顺大清的定南王孔有德、靖南王耿仲明、平南王尚可喜以及对清朝入关起了关键作用的平西王吴三桂。耿仲明死后，其子耿继茂承袭了爵位；孔有德死后无子，爵位被解除。从这以后，清朝令吴三桂镇守云南，尚可喜镇守广东，耿继茂镇守福建，耿继茂死后，其子耿精忠继位，"三藩"正式确立。

吴三桂、尚可喜、耿继茂本是三个背叛自己民族和国家的叛徒，但是却由于清朝初时的特殊情况而摇身一变成了清廷所不能不重视的开国功臣，并且被封为镇守边疆的藩王。虽然天下之大莫非王土，但是也确实存在着皇帝所看不到的地方。天高皇帝远，独据一方的三藩军力日渐强盛，势力、权力增大的同时，他们的个人野心也越发膨胀。到康熙帝继位时，三藩已经成了朝廷的祸患，本是穷山僻岭的三藩个个富甲天下。

尚藩在广东凿山开矿，煮海贩盐，对朝廷不交一文税金，所有的收入都中饱私囊。他还利用地理位置垄断清政府的对外贸易，大肆走私，从中牟取暴利。耿精忠袭爵后，比起这些老一辈的手段也并不逊色，不但在福建这块肥土上横征暴敛，勒索银米，还将各地的奇珍异宝肆意搜刮到自己门下。

吴三桂就更不用说了，他在云南公然圈占公田，私自大兴土木，还对一些名贵的土特产实行专行专卖政策。而且还自己制造起了钱币，流通各省，取名为"西钱"，反大清之心可谓"司马昭之心，路人皆知"。当时人称吴三桂"庄佃众多，铺税千万两，仓库里金银布帛堆积如山，厩圈中骡马牛羊畜之如林"，富可敌国，无与伦比。

然而就算是这样，三藩仍然每年都理直气壮地向囊中羞涩的康熙要大把银子，美其名曰保卫边疆的军用必要开支。国家的财政收入，绝大部分用于三藩开支，仅云南一省每年就不下数百万两饷银，即使倾尽国库也难以供应。

不仅如此，连朝廷才能有的驻防地上的人事任用权，三藩也贪得无厌地操控于手中，只要是他们提名的官员，连地方总督、巡抚都不得干预。虽然没有得到朝廷的正式授权，但是三藩行使的大半权力已经由不得别人"说三道四"了。

纵是这样，他们也不满足。吴三桂上书康熙，白纸黑墨地要求朝廷让云南、贵州的官员都听任吴三桂的差遣，意思就是想要自己手中的王权仅次于皇帝，其他官员都要听他的指令。当时的康熙还没有拥有足以震慑住三藩的实力，不敢得罪他，只好答应。即使康熙已经如此退让，吴三桂还是进一步要求在自己的管辖之内不受朝廷吏部的安排，由他自行来任命官员，一时号称"西选"。

康熙并不是不知道三藩的所作所为，眼看着三藩势力的扩展逐渐无法控制，清廷采取笼络策略，公主下嫁，试图以此安抚、稳定三藩几年，直到康熙有铲平他们的实力为止。吴三桂之子吴应熊娶了顺治帝之妹和硕公主。尚氏的两个儿子之隆、之孝，耿氏的两个儿子昭忠、聚忠，也都各为额驸。就这样，三藩的人成了半个朝廷的人，信息来源更加广泛、可靠，反倒是方便了三藩恶势力的蔓延。

清朝封设立三藩本是为了安宁边疆，免除朝廷的后顾之忧。然而三藩在手中的权力逐渐增加了之后，对权力的欲望也逐渐膨胀起来，逐渐走上了与中央集权政府相对立的道路，成为分裂割据中央集权的军阀势力。由于初入中原，政权不稳，清政府对三藩的行径虽明知，却有心无力，只能着意安抚，致使三藩逐渐独立于朝廷，甚至想取代朝廷。

面对三藩强大的武装力量和雄厚的经济实力，朝廷实在是束手无策。政局不稳、国库空空，面对此情此景，清政府最怕的其实就是打仗。军事开支实在是个无底洞！国势刚刚稳定，如若再陷入战争的话，很可能会步前朝的后尘。因此，面对三藩的一次次挑衅，康熙也只能采取睁一只眼闭一只眼的策略。

其实，清政府面对这样的窘境也不是没有想过对策，不但想过，而且还实实在在地出台过一系列的政策。"更名田"就是其中之一。

在双方僵持不下之时，吴三桂那迟来的爱国之心似乎又回来了，旗帜又忽而转向大明王朝，在反清复明的口号已经慢慢消淡的情况下，他又举起了这个旗帜。显然，吴三桂已经下定决心想要脱离大清的控制。这时候康熙就是再顾及国家的整体局势也要破茧成蝶，不能再继续忍气吞声了。

何况，三藩问题也确实已经成为清王朝对全国实行有效统治的一大毒瘤，其解决办法已经在康熙帝的脑海中日渐成熟，并把它与治河、漕运视为并重的"三大事"。康熙清醒地意识到：吴三桂绝非宋朝功臣可比，乃是唐代藩镇之流。他密切注视着局势的发展，准备寻找适当的时机除去三藩。

狐狸尾巴终于露出来了

吴应熊，吴三桂的儿子，清王朝的皇室当初为了笼络三藩，不惜把格格们许配给了三藩的子孙们，吴应熊也是其中之一。许之与他的正是康熙的亲姑姑和硕公主，从中也可以看出吴三桂确实得到了清政府的"厚待"。吴应熊虽然已经是驸马身份，其本质上却是清政府牵制吴三桂的重要筹码。康熙以为只要有吴三桂的儿子在京城，就不怕他再一次叛变造反。可惜的是，他再一次错估了吴三桂。

随着康熙与三藩之间的关系越来越趋于复杂，吴应熊也自知脑袋会随时不保。但是他的去留问题已经不是自己能够控制的了，作为牵制吴三桂的唯一筹码，康熙是不会轻而易举地放走他的。

被封为平西王的吴三桂俨然已是一方霸主，无皇帝之名却有皇帝之实。刚刚亲政不久的康熙皇帝年纪尚幼，对他无可奈何，只得一忍再忍。

双方都在酝酿、积聚、等待，一直到康熙真正掌握了朝中大权。三藩对清政府的百般刁难，使康熙再也无法容忍那些手握重兵的藩镇势力，他决心以镇守广东的平南王为开始，探探吴三桂的口风。而吴三桂并非粗枝大叶的一介武夫，在康熙削藩的同时也在极力保住兵权，掌握军队，以图自固，完全把吴应熊置于脑后，权力面前亲情也变得微不足道。

一方是权欲无限膨胀，一方是有意识地歼灭重镇羽翼，两股强大的力量相互碰撞，冲突势不可免。不言自明，朝廷与吴三桂等人各怀心事。想来吴三桂也是一个成大事的"大丈夫"，亲生儿子的性命不顾不说，还积极发挥儿子在京城的能量为自己服务，让吴应熊四处用金钱收买人心，好为吴三桂服务，这无疑在加速吴应熊死期的到来。

不过吴应熊毕竟是吴三桂的亲儿子，吴三桂不能不对儿子的处境有所考虑，所以特意把自己的亲信胡心水放到吴应熊的身边，让他"代为照料一切事"。这样，胡心水便成了吴应熊额驸府的大管家，府中日常庶务都由他来悉心照理。

吴应熊也唯父命是从，明知自己在父亲眼中的角色，可还是一心一意地为父亲买情报、传消息。虽然康熙有所防备，但无奈吴氏"众人拾柴火焰高"，导致吴三桂的情报机构异常灵敏，甚至对朝中一举一动了如指掌。

此时的吴三桂早已不是满族人的功臣，也不想继续做一名回头是岸的清臣，他只想自己也能够有一个皇帝的头衔，彻底改变自己浮萍一样的命运。吴三桂知道康熙年纪虽小，但不是个好惹的人物，当年铲除鳌拜的情形记忆犹新，自己的所作所为势必会让康熙把矛头指向自己，这也只是时间的问题。与其等到康熙羽翼丰满之后对付自己，还不如在他还没有成熟之前就先下手为强，于是，吴三桂亲率大军起兵反了。

康熙七年（1668年），吴三桂明目张胆地反叛清廷，而作为人质的吴应熊当然不能幸免。虽然吴应熊的妻子、康熙的亲姑姑在孝庄与康熙面前哭诉求情，也没能免吴应熊一死。吴应熊死后，康熙皇帝经常下诏慰藉公主，谓其"为叛寇所累"。

作为大清的大功臣，吴三桂在云南一带称王称霸，虽不是皇帝却又更似皇帝。吃、穿、住、行、用都是好的不说，荣耀的光环也是加了一圈又一圈。拥有如此强大的财势与权势，却不知足，吴三桂在康熙最为困难的时候，仍不知体恤地向小皇帝提出百般要求，以此来挑战康熙的忍耐极限。而康熙作为一位较有作为的皇帝，清除了鳌拜集团后，在这一时期除了没有收复台湾外，反清力量已剿灭殆尽，云南的动荡局势也已平静下来。这样，拥有强大武装力量的三藩的存在就成了清廷的心腹大患，以至于自康熙少时，就认为"三藩势焰日炽，不可不撤"，"以三藩及河务、漕运为三大事，夙夜廑念，曾书之宫中柱上"为警戒。但是，虽早有撤藩之意，但康熙又虑及"三藩俱握兵柄"，不敢贸然采取行动。所以说，吴三桂的悲剧命运还是源于自己给康熙送去机会。

早知今日何必当初

吴三桂留在清政府的儿子吴应熊被康熙处死，是"三藩之乱"的转折点。双方的底牌已经亮开，再无其他顾虑。在吴三桂首先出兵之后，1676年冬，康熙迅速调动全国的军事力量向吴三桂扑来。清军声势浩大，吴三桂也不甘示弱，双方陷入了对峙阶段。

自康熙十二年十一月至康熙十五年四月，战乱不断扩大，吴三桂出兵凶猛，而康熙自然也是不甘示弱。两军在斗争中各有得失，但是，令吴三桂没有想到的是，自己的盟友会出卖自己转而投向康熙，使他在战事开始时的优势逐渐消失。

康熙的一生是由一个又一个挑战与考验所构成的。这些考验是他的祖父、叔祖父和父亲留下的，已经积累了30年的历史包袱，各个都沉重万分。"三藩"问题是跟随着鳌拜的落幕接踵而来的。康熙帝在处理这一系列的问题上表现出了一位杰出政治家所应具备的素质。

康熙帝与吴三桂的争斗进行了8年之久，在大半个中国进行了一场大的是与非、成与败的博弈。一方是20岁未经战争的康熙帝，另一方是62岁身经百战的吴三桂。但是战争过程中，两人所表现出来的勇气和智慧却与他们的年龄和阅历完全成反比。康熙所表现出的坚定、镇定、淡定是吴三桂所不能比拟的。

康熙帝与吴三桂博弈的结局早已注定。吴三桂在此时走到了生命的终点。

康熙十七年，虽然吴三桂自觉气数已尽，马上就要被清军攻破，但是，折腾了一辈子总还是想要把自己那个最初的梦想圆上一圆。于是74岁的吴三桂等不及最终完成他的王图霸业，便在衡州称帝。但这一冲喜的举动却未能改变叛军的困境。吴三桂只享受了几天，就在连连失利的战势下郁郁而终了。

吴三桂死了，他所带领的军队便是群龙无首了，清军趁机发动进攻，余众纷纷出降，三藩之乱终告平定。

吴三桂的两次叛变给他带来的后果确实大不相同。第一次背叛崇祯，换来了大清的礼遇和善待。如果没有他后来的再次叛变，后人对他的评价也不至于如此不堪。大明朝昏庸至极，被清朝所取代是历史前进的必然结果。第二次背叛康熙，却是吴三桂的一大败笔。清朝当时正处于蒸蒸日上的繁荣阶段，这时反清纯粹是反社会发展脚步的。而且各种条件集合起来也并没有给吴三桂带来多少胜算，反而处处都是败笔。

吴三桂与康熙对峙之时，已经是一个70多岁的老人了，垂垂老矣，无论是精力还是计谋上都不是康熙的对手；还有，这时候人们已经普遍接受了清政府的统治，吴三桂的反叛本身就是一个逆社会发展之举，必然得不到广大人民群众的支持。所以，他的失败是必然的。而康熙自身的实力的确是不容小觑的，康熙身上具有的品德和智慧是吴三桂最终败北的另一个重要原因。

三藩反清之初，清政府连连失利，康熙在危局中表现出的镇定自若着实让人刮目相看。首先将吴三桂的罪状公布于众，得到民众舆论上的支持。接着又不顾姑姑的哭诉处死了自己的姑父、吴三桂的儿子吴应熊，在士气上打击了敌人，激励了清军。

吴军与清军之间的较量不分伯仲之时，康熙为了安定惊恐的军心，每日镇定自若地游山玩水，给士兵们吃了一颗定心丸，他的坚定决心和平静心态，对于稳定大局和安定人心，起了很大作用。他在战略上也展示了惊人的谋略，虽然吴三桂打出的是"反清复明"的旗帜，但是康熙没有因此而孤立汉族兵将，反而大力重用，这更加鼓舞了军队的士气。再加上康熙肯听取他人意见不一意孤行，这更使胜利的脚步如虎添翼。

为康熙增加了胜利的筹码的还有"正义"这个词，显然，吴三桂在这点上是丝毫不占优势的。

在吴三桂称帝之前，也许他的叛变还有理由，乱世，本来就是一个容易让人迷失的背景，似乎所有的故事都能找出原因。情势所迫、杀亲之仇都是吴三桂可以洗清罪名的筹码，但是，吴三桂所有的"无奈"却在他称帝之后无所遁形，权力的欲望与野心也都昭然若揭。所以，吴三桂在与康熙的三藩之战中，首先丧失了正义的筹码。

吴三桂反清，当然也得不到汉族人的支持，因为他在云南虐杀了明永历帝。所谓得民心者得天下，吴三桂在民心上就先失了一招。

三藩之中，本身也不是同心一致，吴、耿、尚三人各怀鬼胎，内讧不断，彼此不能合作。和康熙打了几年，形势变得对"三藩"越来越不利，这时候其他两藩的天平就开始倾斜了，毕竟康熙主要对付的还是吴三桂，福建耿氏首先降清；紧接着，尚之信也投降朝廷。吴三桂孤军奋战又能有胜算几何？

康熙二十年（1681年）十月二十八日，清军进入云南昆明。吴三桂虽然已经死去，但是也被掘坟析骸，刨棺戮尸。吴三桂的子孙也被斩尽杀绝。捷书传到北京，康熙帝作《滇平》诗纪念：

洱海昆池道路难，捷书夜半到长安。
未矜干羽三苗格，乍喜征输六诏宽。
天末远收金马隘，军中新解铁衣寒。
回思几载焦劳意，此日方同万国欢。

三藩平定，并不意味着康熙帝自此之后便可高枕无忧。在东南的海中，还有一处本应属于大清的领土孤悬海外。国土不全，康熙帝就寝食难安。

郑成功治理台湾有一套

有一个故事在民间广为流传：有一天，郑成功带领将士走访高山族一个部落时，从欢迎的人群里走出4个人，他们各自端着一个盘子，里面分别放着金、银、野草和泥土，献给郑成功。郑成功看了看面前4个盘子里的物品，略加思索后笑着对高山族同胞说："我到台湾来是为了驱逐荷兰侵略者，收复国土，不是为了要金银的。"说完后，他只收下了野草和泥土，将盛有金、银的盘子还给高山族代表。这个消息很快传遍全岛，使高山族同胞深受感动。

> 唯台湾所祀之王爷，自都邑以至郊鄙，山陬海澨，庙宇巍峨，水旱必告，岁时必祷……是果何神，而令台人崇祀至于此极耶？顾吾闻之故老，延平郡王入台后，辟土田，兴教养，存明正朔……精忠大义，震耀古今。及亡，民间建庙以祀，而时已归清，语多避忌，故闪烁其词，而以王爷称。
>
> ——民国·连横·《台湾通史·宗教志》

郑成功在台湾确实有着极其崇高的地位，台湾人认为郑成功是开拓台湾的第一人，对他怀有深深的敬意，而郑成功又因为为大明王朝保留了最后一块根据地，被赐姓朱，又获封延平郡王。因此台湾人将他视作全台湾的守护神，四时八节，香火不绝，并称他为"延平王""延平郡王""郑延平""开台始祖""开山圣王""开台尊王""国姓爷""国姓公"等。在台湾，几乎家家户户都供奉着郑成功的神像。

明代以前，台湾还是一块未经开发的处女地。主要人口是数万少数民族，实行刀耕火种的原始经济。荷兰人占据台湾时期，仅将台湾作为殖民地，掠夺当地的丰富资源，对台湾的经济发展毫不注意。只有当郑成功收复台湾后，台湾的大规模改造和开发才开展起来。

郑成功首先统计核查了台湾已开垦的田地，编审田籍；并仿效大陆的政治制度，在台南市建立承天府，在嘉义建立天兴县，在高雄建立万年县，并挑选官员全权负责行政管理和经济开发，这一措施，为台湾的发展奠定了坚实的政治基础；台湾地区由于人口稀少，缺乏农业劳动力，郑成功又推行了屯田制度，组织所属官军组成三十多个农垦区，开垦大量荒地；除此之外，他又大力鼓励东南沿海地区的无地少地农民移民台湾，极大充实了台湾的劳动力。而这些人口聚居区在日后也形成了台湾早期城市的雏形，有力地推动了台湾经济的发展。此外，郑成功还大力弘扬传统文化，在台湾推行儒家教育，传播大一统的思想。

郑成功一直希望能够以台湾为基地，最终实现他反清复明的凌云壮志。为了这一目的，也为了抵御当时已经将触角伸向东南沿海的西方列强，他大力推进军事建设，建设碉堡据点，操练水师，增强海防能力。郑成功在台湾的军事建设,有效地保持着对西方列强的军事优势,使他们在很长一段时间内都不敢觊觎中国东南沿海。从这一点上说,郑成功功莫大焉!

台湾作为一个多民族地区,自古以来就生活着包括众多支系的高山族人民。郑成功在开发台湾的过程中,并没有像传统封建王朝一样将其视为不开化的蛮夷,而是对其平等相待,一视同仁。他多次率领文武百官访问高山族各部落,并且对欢迎他们的高山族人民设宴款待,赠送大量礼物;不仅如此,郑成功还派专人向高山族传授先进的农业技术,帮助他们提高生活水平,并经常和高山族头人来往,交流甚为紧密。在郑成功的努力下,台湾的经济、社会发展也甚为迅速。

遗憾的是,由于长年的风霜劳累,戎马倥偬,又加上台湾气候湿热,瘴气众多,郑成功收复台湾仅仅半年后,就英年早逝,享年仅38岁。虽然他的儿子郑经和孙子郑克塽没有他那样的雄才大略,但也能够扎扎实实地继承郑成功推行的各项政策,并加以优化和发展。在郑氏祖孙三代的苦心经营下,台湾不再是孤悬海外的不毛之地,而是地肥水甜五谷香的宝岛。多年以后,当清代中期出现沉重的人口压力时,台湾更吸引着大量农民前往耕作繁衍。据统计,到清末时,台湾已有210万人口,再加上它得天独厚的地理位置和气候优势,已经成为重要的经济区。

揭开陈近南的真实面纱

"为人不识陈近南，便称英雄也枉然。"金庸先生在其《鹿鼎记》中绘声绘色地描写了这位天地会的总舵主、堪称为一代英豪的陈近南。

《鹿鼎记》中的陈近南，是历史上确实存在过的一号人物。当然，他不是韦小宝的师父，至于"天地会"总舵主这一身份，也只是民间传说。真实的陈近南，乃是有"台湾卧龙"之称的陈永华。

陈永华，字复甫。他的父亲陈鼎乃是明天启七年的举人。李自成攻破京师、崇祯帝自缢煤山之后，陈鼎不愿为清朝官，选择了回到家乡同安务农。

永历二年间，郑成功攻克同安（今福建省厦门市同安区）。素闻陈鼎之名的郑成功当即拜陈鼎为教谕，陈永华被补为博士弟子员。

不久之后，同安再次沦陷于清军之手，不愿做亡国奴的陈鼎自缢于明伦堂。

同安城破，陈永华出逃。他终于明白儒生的一杆笔究竟比不上大刀长矛，一个人的奋死相争终不及天下响应，于是下定决心放弃儒生事业，以究心天下事为己任。

此时的郑成功已经占据厦门，意图以厦门为基地，再造明朝山河。

再造山河，人力资源颇为重要。郑成功揽才的命令一下，永历朝的兵部侍郎王忠孝便将陈永华推荐给他。

陈永华为人沉稳，不善于言辞。不过要是一旦开始谈论议论时局形势，他便变得慷慨激昂，侃侃而谈中切中要害；处理事务颇有定力，果断有识，不为其他人所动，而一切疑难，都会在他手中迎刃而解。郑成功与他相见恨晚，并坐谈时事，终日毫无倦意。郑成功兴奋地赞赏陈永华："复甫，真乃当今卧龙也。"不久之后便授其以参军职，以宾礼相待，待到退守台湾之后，陈永华的女儿又嫁与了郑成功之孙郑克𡒉为妻，两家结为姻亲。

跟随郑成功之后的陈近南颇领知遇之恩，对郑成功的复国大业鼎力支持，尽心辅佐。

郑成功不甘心只保厦门，他的目标是复国，是再拥朱氏帝王重掌中华江山。因此，他便产生了北伐之意。

但军中众将对此纷纷表示反对，认为按目前的实力对比来说，北伐无异于以卵击石，不能毕全功。当今之势，还是应韬光养晦，积蓄实力，避免与清军的正面交锋。

诸将纷纷否定郑成功的北伐之念，唯有陈永华据理力争，赞同北伐。他认为，此际的清朝刚刚入主中原，立足未稳；兼之国内反清之势高涨，正可利用。一旦假以时日，清军羽翼已丰，国内局势渐趋安稳，再行北伐，必定困难重重，胜负难料。

郑成功闻言大喜，决意北伐。他命陈永华辅佐世子郑经留守厦门，自提大军北伐。临行之时，郑成功告诫郑经："陈先生乃当今名士,留下他辅佐你,当以待之以老师之礼。"

然而郑成功所发动的两次北伐虽取得了一定的功绩(曾一举攻克军事重镇镇江),但攻取南京之时,中了清军南京守将的缓兵之计,被城内的清军联合援兵杀得大败,损失了大半兵力,多员猛将也战死沙场。郑成功又悔又恨,无奈之下,班师撤回闽南。

北伐失败,郑成功开始考虑另辟蹊径,经过对局势的分析,决意在台湾再建根据地。

永历十六年,郑成功收复台湾,陈永华被任命为咨议参军。

在郑成功兵发台湾的同一年,被关押在牢狱之中的郑芝龙及郑家14口人被清朝统治者统统处死。郑芝龙更被凌迟残杀。降清的黄梧又向清廷建议"掘郑氏祖坟以泄天下之愤"的恶毒计策。清廷根据他的建议,毁郑氏祖坟,将掘得的骸骨肆意侮辱。消息传至台湾,郑成功悲痛欲绝。

康熙元年,郑成功离世。

郑成功辞世,世子郑经继承王位,对自己的亲家陈永华更为倚重,每逢军国大事必向他请教,而陈永华也尽心尽力地辅佐郑经。郑成功去世的第二年,陈永华被晋升为勇卫,并加监军御史之职。

在台湾,陈永华设屯田,兴教育,制定一系列行之有效的政策,有力地促进了台湾的发展。

康熙二十年,陈永华病逝。清翰林学士李光地听说陈永华病逝,向皇帝上疏祝贺说:"台湾长久以来没有被收复,主要是由于陈永华经营有方。今上天讨厌战乱,让他殒命,从此台湾的收复将指日可待。"由此可见陈永华在台湾的重要地位。果不其然,没过三年,台湾即被清政府收复。

敬酒不吃吃罚酒

郑成功英年早逝,与清王朝折冲樽俎的重任落在了他的儿子郑经肩上。与乃父不同,郑经虽然也打着反清复明的旗号,但却完全没有郑成功那样的宏图壮志。面对清朝咄咄逼人的态势,郑经居然提出"以外国之礼见待,各不相犯"的条件,此时的郑氏王朝已经完全违背了郑成功的遗愿。

康熙作为一名雄才大略的君主,自然不会允许郑经如此胆大妄为。不过,清军大多出身北方,策马奔腾纵横驰骋是其所长,而对登船渡海则一无所知,想要训练一支具有战斗力的水师,在短期之间几乎是不可能完成的任务。因此,康熙最初希望能够通过和谈的方式将郑经招降。

康熙二年(1663年),刚刚继位的康熙遣使赴台湾与郑经谈判。郑经知道清王朝新君即位,又是一个小娃娃,难免生出轻视之心。他趁势提出了以下的要求:将台湾视为同朝鲜一样的属国对待,台湾军民不剃发,不更改服饰。显然这是清朝官员绝对无法容忍的,最终谈判破裂。

自此之后，康熙忙于平定三藩之乱，之后又经过了一段漫长的休养生息的时间。其间，康熙实行坚壁清野的海禁政策，尽量断绝台湾和大陆的联系。这一招确实起到了奇效，台湾虽然在郑氏王朝时期取得了长足的发展，但并不足以支持庞大的军事开支，逐渐应接不暇。康熙趁机派兵收复了厦门、金门二岛，郑经只得下令放弃所有大陆沿海岛屿，全军退守台湾。

深谙软硬兼施之道的康熙这时又举起了招降的旗帜，派福建总兵孔无章前往台湾说降郑经，并许诺可以册封其为"八闽王"，并管辖沿海诸岛。谁料早已放弃反清复明的郑经自恃海峡天险，第二次拒绝了康熙的提议。

康熙二十一年（1682年），福建总督姚启盛再次遣使赴台和谈，这一次郑经着实感到了来自清朝的压力。确实区区一岛是无法抵挡倾大陆之力的进攻的，郑经决定奉大清为正朔，接受大清的爵位，但他仍然拒绝剃发和更改服饰。消息传到京城，康熙深为震怒，在他看来，只有剃发易服，才标志着台湾真正臣属于清朝，否则它就真的和朝鲜、安南等属国毫无二致，这是一心一统中华的康熙绝对不能接受的。于是，第三次和谈再次破裂，至此康熙已经下定决心，要武力收复台湾了。

连番几次的和谈失败让康熙意识到，光有文事不足以让郑经屈服，还需要拥有强有力的武备。因此康熙开始大规模兴建水师，建造规模和强度都足以进行渡海作战的大型战船。而当时清廷这方面的人才却极其稀少。幸亏有施琅的存在，清廷才有可能建设一支强大的水师。

施琅曾经是郑成功的得力助手，但由于性格上的冲突，二人嫌隙渐生。施琅由于屡次得罪郑成功，不得已从厦门逃到南安，求助郑成功的二叔郑芝豹为二人化解纠纷。郑成功却以为施琅是负罪逃窜，因此便派人追杀。谁知杀手未能成功刺杀施琅，又担心回去无法向郑成功交差，便谎报军情，说施琅已和清军勾结，因此无法下手。郑成功听闻此言大怒，竟然没有详加调查，就武断地认为施琅已然谋反，便下令将施琅的父亲和兄弟杀害。施琅得此噩耗，也对郑成功切齿痛恨，遂投降了清朝。

施琅降清之后，被任命为福建水师提督，又被封为靖海将军。施琅一心想早日攻克台湾，为父兄报仇。从康熙初年起，他就不断上奏，请求武力解决台湾问题，但当时朝廷正集中力量解决"三藩之乱"，并没有余力顾及台湾。直到康熙二十年（1681年），"三藩之乱"最终平定，而郑经也恰巧于这一年去世，其子为争夺王位展开了血腥的斗争，台湾政局动荡不已，虽然最终由郑克塽继任，但已是元气大伤。施琅此时虽然已经从水师提督任上被撤职，但却再次上疏，强烈要求"当乘其（指台湾郑氏政权）民心未固、军情尚虚"时，"进攻澎湖，直捣台湾"。

施琅的奏折，和朝中一些官员的大力推荐密不可分。先是福建总督姚启圣向康熙力荐"才略优长，谙练军事"的施琅，后来康熙的宠臣、大学士李光地在康熙向其征求对福建水师提督人选的建议时，又两次推荐施琅。他认为施琅"海上路熟，海上事他亦知得详细，海贼甚畏之"，而且"海上世仇，其心可保。又熟悉海上情形，其人还有谋略，为海上所畏"。有这两位重臣的推举，康熙又亲自接见了施琅，听取了他对平台方略的看法和意见。施琅侃侃而谈，康熙深为满意，当即同意了施琅的计划，并重新授予施琅福建水师

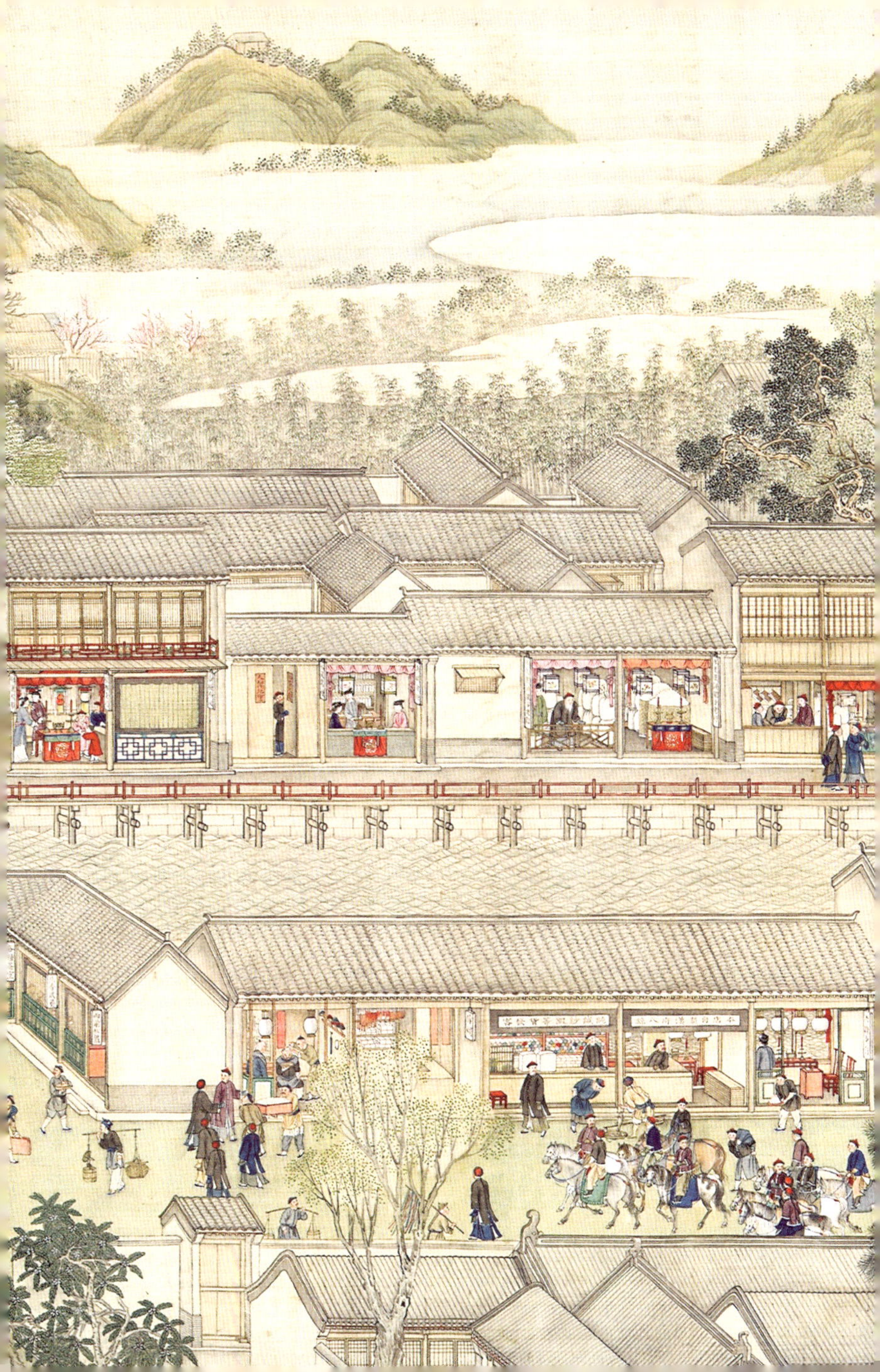

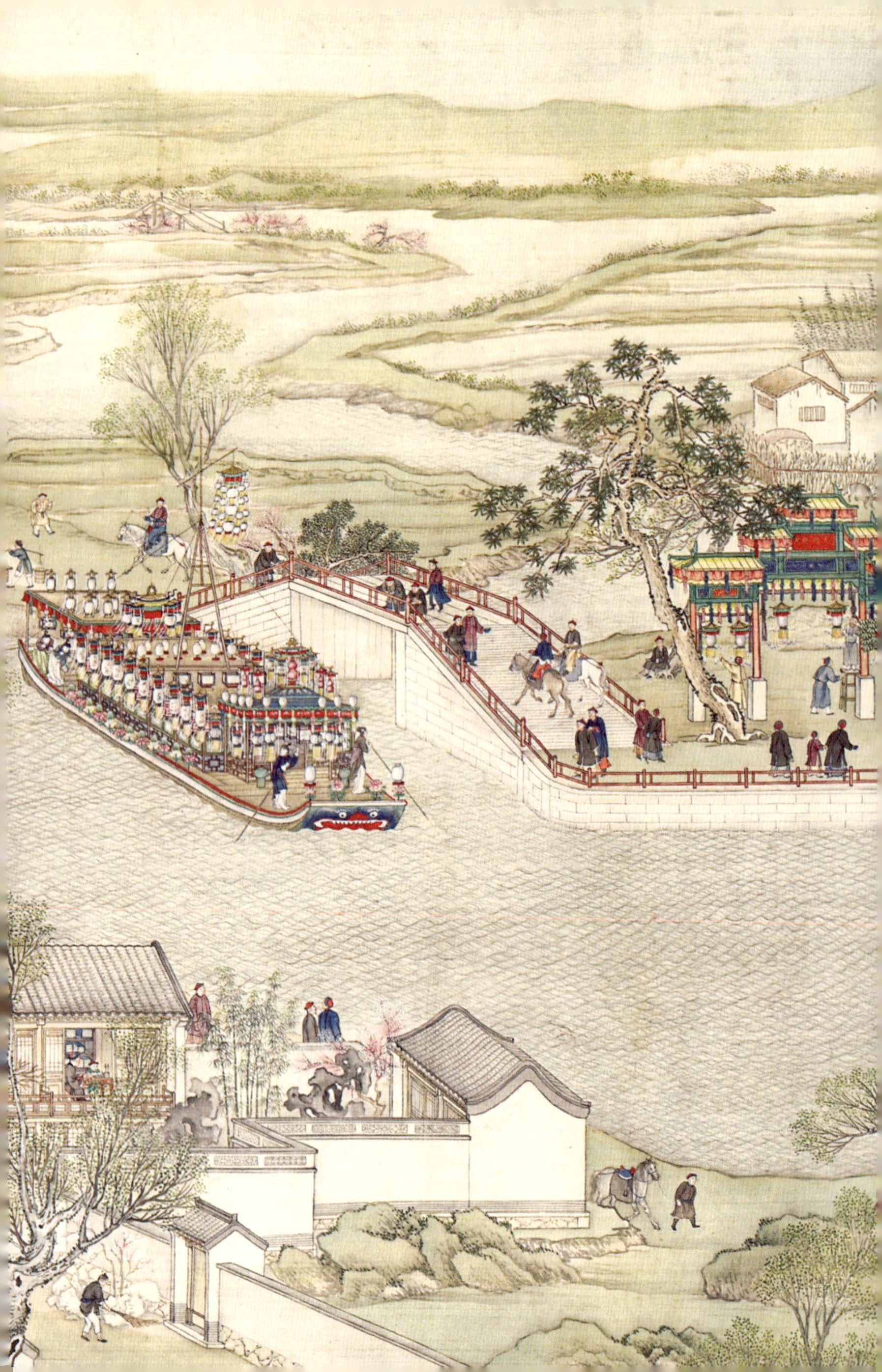

提督之职，加太子少保，命其赴福建操练水师，伺机进攻。

经过两年的训练，大清水师已初具规模。康熙二十二年六月十四日（1683年7月8日），施琅亲率500余艘大小战船，共2万余名水兵，乘北风劲吹之际，从东山岛出发，进逼台湾门户澎湖列岛。郑氏王朝惊闻这一消息，连忙派出舰队迎敌，但却不是训练有素的施琅的对手。澎湖一役，施琅大获全胜，夺取澎湖列岛。此时台湾岛已是门户大开，彻底暴露在清军的战力之下。

施琅深谙康熙"以战逼和"的策略，因此他攻下澎湖后并不急于进攻，而是一方面安抚澎湖百姓，另一方面又向郑氏王朝递出了和谈的橄榄枝。郑克塽年纪尚小，国事由大将刘国轩掌握，自知大势已去的刘国轩见施琅如此，自然也乐得答应。于是郑克塽遣使送降表至施琅军前，郑氏王朝宣告灭亡。台湾也被并在了大清的版图之中。

东南海靖，康熙帝长舒一口气。然而伴随一个王朝新生而来的事务，总会让一国之君为之无暇寝食。当东南之事已了，康熙不得不再把目光投向东北那片大清龙兴之地。

纯属正当防卫

1632年，沙俄扩张至西伯利亚东部的勒拿河流域后，建立亚库次克城，作为南下侵略中国的主要基地。从这以后，辽东地区就承受着其连续不断的骚扰和掠夺，由于沙俄人口稀少，所以还大量掠夺中国人口，制造民族纠纷，从中获得更多的渔利。

17世纪的俄国是一个封建农奴制国家。为谋求商业资本的积累，掠夺更多的生产原料，便开始了积极向东侵略扩张的行动。

沙俄的发展史与蒙古各部有着十分亲密的联系。在13世纪的时候，蒙古部族征服了沙俄各国，并且建立了钦察汗国，而莫斯科大公却在这个时期坐收了渔翁之利，通过贿赂蒙古部族统治者接手了沙俄的政权，并将全沙俄东正教牧首迁到莫斯科，这就形成了沙俄的最初原型。莫斯科公国的文化、地位与实力在之后发展中逐渐超过了周围各个古沙俄国家，并且毫不手软地击败了最初被他们贿赂过的蒙古部族军队，获得了真正的自治权，自此，沙俄民族的第一个中央集权国家才算正式建立。莫斯科也成了俄罗斯各公国中文化最先进，人口最多，军事实力最强大的国家。此后，莫斯科便走上了征服、同化周围民族的道路。此后的400年间,莫斯科公国先后消灭了周围的一些国家,而且把这些国家的人民都融合到了沙俄族中。

在沙俄的历史上有一个和康熙大帝同样举足轻重的人物,那就是彼得大帝,也正是在彼得大帝时期,初具了今天沙俄的雏形,庞大的沙俄帝国建立。

康熙王朝时期,沙俄对外扩张的速度和程度已经越加猖狂,收买噶尔丹部落不说,还一路侵犯到中国的黑龙江地带,并占据了一些关键地区,在当地建立防御城堡,例如尼布楚、捷连宾斯克、色楞格斯克、乌丁斯克等,这些城堡对此后俄国的军事、外交、经济活动,以及与中国的通商交往起到了纽带桥梁作用。

沙俄之所以盯着中国辽东地区不放,扩充领土的目的之外,还觊觎当地丰富的资源。由于辽东地区离中央集权所在地比较远,当地清政府的兵力也不是十分强大,所以沙俄掠夺起来就更加方便。

然而,辽东之地虽然偏远,但却是大清王朝不可失去的领土。努尔哈赤为之付尽毕生心血的大清龙兴之地,又岂可让他人的铁蹄肆虐?

黑龙江、乌苏里江流域自古以来就是中国领土。秦汉以后各朝均在此设官统辖。清朝建立之后,继续对这一地区行使管辖权,加强统治。分别在今辽宁的沈阳,黑龙江的宁安、爱辉等地区设立将军,而且还把当地居民编为八旗。还在沿江的重要地区建立了船厂,设置仓屯,陆上开辟台站驿道,以发展水陆交通运输,进一步加强中央与地方的政治、经济和文化联系。

早在明崇祯十六年(1643年),沙俄派兵132人沿勒拿河下行南侵,"不畏严寒"地越过了外兴安岭,侵入中国领土并且开始了四处抢掠,并灭绝人性地杀食达斡尔族人,被黑龙江地区人民称为"吃人恶魔"。

冬天过去,江水解冻后,沙俄匪徒又越过黑龙江闯入中国东北部。这一次,沙俄匪徒遭到当地各族人民的激烈抗击。

对沙俄军的侵略行径,康熙帝多次遣使进行交涉、警告。但是这对于掠夺成性的沙俄来说并不能起到什么作用。这使康熙帝认识到,只有使用武力才能驱逐沙俄侵略军。于是,康熙不得不在辽东地区,特别是黑龙江流域,对沙俄侵略做出种种抵抗措施。

其一,在瑷珲(今称爱辉)筑城永戍,号召民众一同进行屯垦,加强那里的经济实力,可以有能力抵抗侵略者。同时加紧造船,疏通和其他地区联系的道路,以便在战争开始后,能够保证军粮由松花江、黑龙江及时运抵前线。

二是加强侦察和封锁,不能让侵略者想来就来想走就走。康熙派百余名清军侦察雅克萨的地形、敌情;又派当地达斡尔族头人随时监视敌情变化;令车臣汗断绝与沙俄军贸易,以封锁侵略者。

做完了充分的准备之后,康熙二十二年九月,清军派人勒令雅克萨等地的沙俄侵略军迅速撤离,但是没有得到俄军头目的理睬,他们反而又派人窜至瑷珲抢掠。得到康熙指令驻留辽东的萨布素将俄军狠狠地击败,并将黑龙江下游沙俄侵略军建立的据点全部焚毁,使雅克萨成为一座孤城。

令人欣慰的是,经过中国军民的多次打击,侵入黑龙江流域的俄国侵略军一度被肃清,那里安稳了数年。不过,后来沙俄侵略势力又到雅克萨筑城盘踞。清政府又对其进行多次警告,但都无济于事。

沙俄的不死之心也使康熙终于清楚地认识到,若非"创以兵威,则罔知惩畏",于是决意征剿。但是清军在黑龙江一带没有驻兵,从宁古塔出兵反击,每次都因粮储不足而停止,而沙俄侵略军虽为数不多,但由于有充足的军备物资,再加上尼布楚人与之贸易,如果战争一旦打响,势必也会严重影响到我国居民的正常生活和经济发展,造成边民不安的局面。

针对这种情况,康熙采取恩威并用、剿抚兼施的方略,一边发兵对沙俄的侵略进行遏制,一边在黑龙江地区屯兵永戍,建立城寨,与之建立长期的对垒。

在康熙做准备的时候,劝阻警告活动一直没有间断,康熙也暗下决心,如果侵略军仍执迷不悟,则将其一举消灭,以除后患。

因为黑龙江至外兴安岭地区距东北腹地遥隔数千里,同沙俄这样的入侵者斗争,单靠当地人民的部落武装是无法制止其侵略的,为了保障反击作战的胜利,并在反击胜利后建立一条较完整的边界防守线,就要做足准备以便适应长期的边防斗争。

康熙二十四年(1685年)正月二十三,为了彻底消除沙俄侵略,康熙命都统彭春赴瑷珲,负责收复雅克萨。清军约3000人在彭春统率下,怀揣着赶走敌人的强烈欲望从瑷珲出发,分水陆两路向雅克萨开进。当时侵略者拥兵450人,炮3门,鸟枪300支,面对清政府的强大武装采取拒不从命政策。战斗之势一发而不可收,清军主动出击,分水陆两路列营攻击。侵略军伤亡甚重,不能支撑,无奈之下向清军投降,还派遣使节与清军将领商量要求在保留武装的条件下撤离雅克萨。经彭春同意后,俄军撤至尼布楚。清军赶走侵略军后,平毁雅克萨城,即行回师,留下部分兵力驻守瑷珲,另外派人在瑷珲、墨尔根等地屯田,加强黑龙江一带防务,以防敌人卷土重来。

令康熙没有想到的是,沙俄侵略军在被迫撤离雅克萨之后,贼心不死,继续拼凑兵力,图谋再犯。康熙二十四年(1685年)秋,莫斯科派兵600人增援尼布楚。当获知清军已经撤走时,侵略军头目托尔布津率大批沙俄侵略军再次窜到雅克萨。俄军这一背信弃义的行为引起清政府的极大愤慨。次年初,康熙接到奏报,即下令反击。

清军2000多人进抵雅克萨城下,将城围困起来,勒令沙俄侵略军投降。托尔布津不理。但是,这次他却为自己的"不理"付出了惨痛的代价——托尔布津中弹身亡,但是沙俄军队依然负隅顽抗。

冬季将至之时,清军考虑到沙俄侵略者死守雅克萨,没有物资来源必定需要等待援兵,于是进行了更加严密的围困,意图彻底切断守敌外援。侵略军被围困近年,战死病死很多,826名侵略军,最后只剩66人。这次,沙皇一看情势不妙,急忙向清请求撤围,遣使议定边界。清政府再次答应他们的请求,准许侵略军残部撤往尼布楚。至此,雅克萨反击战结束。

康熙二十八年(1689年),中俄双方于尼布楚正式谈判。当时沙俄国内出现权力斗争,清朝的情况也不容乐观,当时西北地区准噶尔部噶尔丹谋反,割据叛乱势力十分猖獗,并且有意勾结沙俄。为了笼络大局,康熙不得不在与沙俄的谈判上做出巨大让步。两国最后达成和议,签订中俄《尼布楚条约》,俄军撤出雅克萨,毁掉雅克萨城，划定中俄边界。

　　沙俄全权代表陆军大将费耀多罗和清王朝全权代表领侍卫内大臣索额图、佟国纲在尼布楚签订了边界条约，条约的内容最主要的当属边境划分问题，关于地界划分的内容，即从黑龙江支流格尔必齐河到外兴安岭直到海，岭南属于中国，岭北属于沙俄。西以额尔古纳河为界，南属中国，北属俄国，额尔古纳河南岸之黑里勒克河口诸房舍，应悉迁移于北岸；雅克萨地方属于中国，拆毁雅克萨城，俄人迁回俄境。

　　《尼布楚条约》在中国的历史上占有着重要的意义，是大清帝国和沙俄帝国之间签订的第一份边界条约，也是中国和西方国家签订的第一份正式条约。

　　清政府此举遏制了几十年来沙俄的侵略势头，使中国东北边境在长达一个半世纪的时间里基本得到安定。

关键时候还得自己出马

大清的天下是在马上得来的，八旗入关后，为了统治全国，保证能够从东北这个"根本之地"随时征召到拥有战斗力的八旗武装，保持满族"国语骑射"的风气，清朝的皇帝，尤其是刚刚入关后的几位皇帝都十分重视祖宗传下来的骑射本领和骁勇善战精神。皇族为了使旗人子弟不丢弃这种传统，规定文武官员，特别是武职官员，只准骑马不许乘轿。

可以说，康熙就是一位出色的马上皇帝，而他的一身骑射本领也曾在多个战役中派上用场。

康熙帝刚与沙皇俄国签订了《尼布楚条约》，安定了中国北部与东北部的边疆后，又遇到西部蒙古族部落的首领噶尔丹反叛的挑战。早在之前，噶尔丹就有过逆反之心，可是那时候，大清国力虚弱，加之其他地区的叛乱使之分身乏术，康熙为了争取与他的交好，不惜将自己最心爱的女儿嫁给了他，就为了使大清能够有一丝喘息之际，争取时间增强国力。

明末清初，噶尔丹击败蒙古族的其他部落，在草原上称王称霸，取得准噶尔部落的大权后，受到沙皇俄国的教唆，就开始向外扩张、掠夺，气焰嚣张，连中原皇室也全然不放在眼里。对于蒙古其他部落的求助，康熙一面安抚，一面劝阻噶尔丹的肆意妄为，要求他立即退兵，并将所侵占的其他部落的物品如数归还。噶尔丹野心极大，坚持要打到北京，哪听得进康熙的劝阻，便策动大军向东杀来。

康熙决定严厉惩罚噶尔丹，亲率大军西征。毕竟关系到大清的边疆安宁，如若噶尔丹和沙俄联盟，势必会引起更大的动乱。初次与噶尔丹交锋，清军并没有捞到多大的便宜，甚至还吃了败仗，毕竟千里迢迢挥军举进，一路来人劳马顿。噶尔丹因此更加轻视清军，向清军发动猛烈攻势，一直打到离北京只有七百里的乌兰布通。康熙当然不能让他打进北京城，决定在乌兰布通给噶尔丹一个迎头痛击。在与噶尔丹的乌兰布通战役上，康熙充分动用了猛烈的火炮攻势，在策略上又经过了精心的策划，结果把噶尔丹的军队打得丢盔卸甲、血肉横飞，狼狈逃窜，再没有开始时候的"意气风发"。

噶尔丹逃跑之时，还不忘使出了诈降求和之计，不过也被康熙看穿，后者毫不犹豫地下令火速追击。噶尔丹看到这次的军事挑衅功亏一篑，不得已带着他的残兵败将逃回了老家。由于军事上受到重创，他不得已先按捺住再次出征的想法，在漠北先招兵买马，重整旗鼓，企图卷土重来。

康熙本来也不是好战之人，决定不计前嫌，派使者去邀请噶尔丹过来讲和。没想到噶尔丹不但拒绝南来，还将使者杀害了。为了能在接下来的战斗打败康熙，噶尔丹还特意向沙俄借了枪弹，因为上次可真是被清军的火炮吓坏了。康熙见此情景决定第二次亲征噶尔丹，他率大军十万，兵分三路，从各个方向袭击噶尔丹。三路中最主要的一路由康熙亲自统率，亲征路上更是困难重重，吃不饱穿不暖，但康熙坚持和士兵们同进退、分甘苦。虽然在异地作战，却因为康熙的亲力亲为愈加激发起将士们克服困难的高昂士气。

噶尔丹的军队见到清军有如此之强大的气势，虽然有了沙俄的鸟枪却也不敢肆意妄为了。听说康熙亲自挂帅，更是还没有开打，就有了叛逃之人，军中士气一落千丈。清军杀敌数千人，但还是被噶尔丹带着几十名骑兵跑掉了。

第二年春天，康熙再次带着大军出征，围剿噶尔丹残余部队。噶尔丹走投无路，服毒自杀了。

康熙与噶尔丹的战争打了八年，康熙大帝亲自带兵终于平息了蒙古草原上的骚乱，维护了中国版图的统一。

第三章
打好民生牌

文治武功，文治在前，武功在后，唯有让百姓安居乐业，才有一个真正的和谐社会。以民为贵，几千年的经验教训始终是历代杰出帝王的准则。禁圈地、兴水利、促农耕、巡江南……康熙帝运用各种手段加强民生，开启了康乾盛世的序幕。

土地问题事小，打击政敌事大

中国的封建社会是一个以农为本的社会，土地就是百姓的命根子，但王宫贵族却以占有土地和剥夺农民土地为乐趣，并从土地上大肆谋利。清朝这种现象非常普遍，"圈地现象"非常严重，其中，权臣鳌拜就是"圈地大户"。

"圈地运动"其实在很早的时候就已经风靡一时。1206年，成吉思汗统一了蒙古各部族，并且开始了由草原向外扩张的征程，征讨面积几乎占了大半个亚洲，马蹄所到之处皆为其领土。成吉思汗为了犒赏随他南征北战的将士们，也是为了提高他们攻略地的积极性，便做出规定，凡是统兵将领攻略的新城池土地，全部都归该将领所有。这种制度就是中国历史上最早出现的"圈地运动"。

满洲贵族执政初期，不但与汉族人矛盾重重，就是满族人内部也是派系众多。多尔衮为了收买人心，让顺治帝颁诏，规定：近京各州县汉族人无主荒地全部予以圈占。

此诏书正合八旗贵族之意，各个一边对多尔衮的政策拍手叫好，一边马不停蹄地进行土地圈占。虽然诏书有明文规定只允许圈占没有主人的荒地，但是在执行起来时，功高显赫的贵族们并没有严格遵守诏书所言，只要看中，就不顾百姓的利益而肆意抢夺。举国上下很快就形成了不良之风，土地成了王公贵族相互炫耀攀比的新资本，甚至成了权力的象征，谁圈占的土地多，就象征着谁的权力大。

顺治年纪尚小，手中也没有实权，虽然对多尔衮的所作所为大为不满，也不敢出头反对。而多尔衮更是没有制止不良之风的意思，甚至他自己都监守自盗，是圈占土地的高手。后来升级为辅政大臣的鳌拜本身就是圈地者。及康熙继位后，圈地现象还是没有得到很好的限制，直至鳌拜下台，康熙真正执政后，才废除了圈地的规定，把土地逐渐地还给了人们。

清初圈地运动盛行有客观因素，也有个人方面的主观因素，有的人妄想用圈地运动达成自己的政治目的，多尔衮是一个，鳌拜也是其中一个。

鳌拜为了打击苏克萨哈，时常找借口寻事于他，其中的借口之一就是土地。鳌拜明目张胆地想要圈占苏克萨哈的土地，苏克萨哈为了维护本旗的利益，采取坚决抵制的对策，和鳌拜也正式结下了梁子。不过最后苏克萨哈还是没有赢过鳌拜的强硬，冤死了。即使有康熙亲自出面维护苏克萨哈，也没能保住其性命，可见，对于鳌拜来说，土地问题事小，打击政敌事大。

圈地不仅为鳌拜带来了财富，还为他的争权道路扫除了障碍。康熙眼睁睁地看着鳌拜利用圈地运动横征暴敛，痛心疾首。一心想等到亲政之后扭转这一局势，好保住大清来之不易的江山。1667年，康熙年满14岁了，在7月举行了声势浩大的亲政大典。按规定，只要康熙亲政，四大辅政就要交出大权。但是，占尽了便宜的鳌拜并不想归政于皇帝，依旧把持着朝政，从而使他与皇帝之间的矛盾进一步激化，也使圈地运动所带来的恶劣影响进一步地扩大了。

此事之后，鳌拜的擅权终于彻底激怒了康熙帝，使康熙帝及孝庄文太后下定除掉鳌拜的决心。随着鳌拜伏诛，八旗圈地之事，最终落下了帷幕，康熙帝终于可以将精力投放到民生方面去了。

康熙兼职搞水利

历代两朝衔接之际，都必有战乱的过程，明末清初之时的两族之战更是异常激烈，使中国的社会经济遭到严重破坏，满汉族人民的生活都十分困苦。康熙在位期间，平定三藩、收复台湾、抗击沙俄、征讨噶尔丹及安定西藏，虽说都取得了最终的胜利，为康熙的政绩增添大量的亮点，但是这一系列的战争也消耗了大量的人力、财力、物力，给康熙增添了不少的烦恼。特别是康熙初年，旧的战争创伤还没有愈合，新的打击又接踵而至，河水泛滥犹如雪上加霜，清政府中掌权的贵族们都忙着争权夺利、明哲保身，对于民间的疾苦早已麻木不仁，万顷良田长满荒草，亿万子民流离失所，民不聊生的严重程度超过了当时社会的承受能力。

不但如此，在康熙执政前期，每年入不敷出，国库空虚。在这种形势下，纵然康熙有"惟愿天下安宁，百姓安居乐业，共享太平之福"的美好愿望，但短期内根本就不可能实现。

康熙面临着如此巨大而又艰难的课题，划分出轻、重、缓、急。在解决了鳌拜之后，他立即开始着手解决民众的吃饭问题。虽然康熙年纪尚轻，但在读古博今中懂的却确实不少，在总结了历代王朝治乱兴旺经验教训的基础上，形成了自己独特的重农思想。政局慢慢稳定了之后，更是专心治理农业问题。

为了发展农业生产，康熙首先把清廷官员在百姓手中抢来的土地如数归还回去，给百姓吃了一颗定心丸，老百姓也在这个年轻的皇上身上找到了安居乐业的希望。

康熙是一代明君，也是一个敢于改革推行的革命家，他接下来出台了一系列的推行垦荒屯田、兴修水利的改革政策。

其实早在顺治继位时，就实行了垦荒政策，但土地大多被王公大臣瓜分干净，百姓根本无荒可垦。多尔衮死后，顺治试图改变这种情况，但是在努力了20多年之久却依然无效。康熙初年的时候由于有鳌拜作乱，农业生产萧条凋敝的现象依然存在。所以鼓励开垦，扩大农业经济发展，已经迫在眉睫。

把土地还给农民之后，康熙皇帝用免除赋税的条件大力鼓励开垦，农民们对于政府的优惠政策感到惊喜异常。事实上，政府放宽税收政策能提高垦荒者的积极性，有利于农业生产的发展，同时也有利于以后向这些新垦土地征收赋税。

最重要的也是最得人心的措施是，对开垦后的地田，康熙允许归开垦者所有，并在法律上加以保护，保障垦荒者的经济利益。这对于没有土地的人民或者只有少量土地的人民来说无疑是一个巨大的诱惑，只要开垦，就是自家的。而且，自愿进行垦荒的农民还能得到朝廷政策的扶持：不但可以免除税收，朝廷还会将耕牛、种子借与农民使用或种植。毫无疑问，这项措施对于提高农民的生产积极性、促进当时的经济发展起到了重大的作用。

在促进垦荒方面，从顺治以后的历朝都有着大同小异的详细规定：有的给予实物，有的折变现金，按亩计算、论人支给等方式不一而足。可以说，无论规定是怎样的，只要能够切实可靠地得到执行，对进行垦荒的农民来说，总是有利无害。此外，清政府通过一系列政策把整饬吏治与奖励垦荒结合起来，使上层建筑能为发展经济服务。而开垦不但成为农民的事，王公大臣、地方官吏也被带动到其中。

一系列的措施终于增加了耕地面积，使农业生产得到较快的恢复发展。到康熙末年，全国耕田面积比顺治十八年增加了174万余顷，超过了明代万历年间的耕田面积。

封建社会时期的农业发展，有地耕、有人种是一回事，但天时必须配合。一场洪涝灾害或者久旱不雨都会让农民的辛苦劳作功亏一篑。所以，预防、整治自然灾害就成了康熙的又一课题。他多次申述"民生以食为天，必盖藏素裕而后水旱无虞"，所以，康熙一直对兴修水利十分关注。他晚年时曾说："朕于河务留心最切，经历最深，往年屡次阅河时，精力尚强，亲乘小舟，不避水险，各处周览。"

黄河是中华民族的发源地，被亲切地称为"母亲河"，但是这位"母亲"也有暴戾的一面。雨水多发季节常有洪涝，滔滔的黄河水所到之处都会卷走大量泥沙，然后冲入下游平原，下游的人民苦不堪言，只能靠人工筑堤来阻止、延缓洪水的冲刷。不但黄河两岸的人民深受其害，无情的洪水也阻断了南北漕粮的交通要道，这可是关系到京师百万官兵及家口性命的要道。因此，怎样治理黄河、确保运输，便成为了历代王朝治河的重要课题。康熙在位期间，也花了很大的力气来治理黄河，兴修水利，由此可以看出，治理河道在康熙的执政生涯中有着重要地位。

康熙不但是改革家，还是一名"科研工作者"。他在治理水患方面完全从理论的角度来寻求解决方案。他还特意学习了关于水利、气象等科学自然知识，力图使其治河方案建立于科学的基础上。

康熙亲自设计并指挥了对河工的兴修工程，并且在一次次的实践中积累了广泛的经验，还上升到了一定的理论层次，认识到上游治理彻底，下流自然通畅。想要黄河下游安宁无事，还需在上游下足功夫。带着这一治河思想，康熙对治河做了具体部署措施，多次亲临施工现场，对负责治理河道的官员细心地进行讲解，终于在具体实施的时候得到了出乎意料的成果，既治理了河运，又保护了百姓利益。

康熙自己也曾总结过治河成功的经验，一是皇帝要重视，首先将治河当作国家头等大事来抓，所谓己所不欲勿施于人，自己都不愿意做的事，手下办事的臣子们又怎能费心尽力。康熙就曾经亲自巡视检阅，做详细的调查研究，对治河情况做到了心中有数，并能分得清轻重缓急，还相应地投入大量的人力、物力、财力；二是要善于用人，选拔称职的河道总督。只依靠皇帝自己的力量是无济于事的。一个人的精力是有限的，事必躬亲并不是一个皇帝应该采取的明智之举。

康熙治理黄河，变水害为水利，不但保障了国计民生，而且对各地经济的发展也起了重要的推动作用。在封建社会中，具有如此求实精神、科学态度的帝王是实属罕见的。康熙时，对于为患最大的黄河开始了大规模整治工程，甚至在军情紧急之时也不曾终止。

康熙发展农业生产的一系列政策，不但通过禁止圈地等来改革生产关系，而且通过垦荒屯田、发展水利等措施来促进农业生产的发展。

六下江南，一举三得

雍正皇帝曾经给其皇父做了一个准确的评价："（康熙）一生，经文纬武，寰宇一统，虽为守成，实同开创。"康熙能在百废待兴之际开创出一片基业，开启康乾盛世的序幕，实与开创建国无异。

为了在顺治身后留下的一片狼藉中建立起一个足以令世人所臣服的王朝，康熙帝采取了前文提到过的各种手段与措施，甚至亲自六下江南，开启清代帝王巡游江南的序幕。

康熙常年深居宫廷之中，但知道防民之口甚于防川的道理，对民间百姓的疾苦和对朝廷的要求十分重视，更是懂得百姓生活质量好坏的情况不是单靠自己一个人就能够全然了解的，所以，他对各个地方的"百姓官"特别关注，要求各级官员凡遇事都须迅速奏报，不能总想着报喜不报忧来博得皇帝的好感，如果发现有谎报之事必定严加惩罚，坚决杜绝臣子们只顾着邀功而蒙蔽欺骗中央政府的情况。

为了更加彻底地了解民愿、了解民情，康熙甚至还经常出京巡视，亲眼查看官员们是不是在据实以报。在政治愈发稳定之后，他就时常走出皇宫进行频繁的巡行活动,其中最著名的就是他的六次南巡。康熙南巡的目的是多元的,有治国,有治水,有考察,有巡视,有省耕,当然也有游览。

康熙帝从31岁到54岁之间,六下江南,累计共520天,这在清朝皇帝中,甚至是在中国整个封建社会所有的帝王中也是首屈一指。他是第一位跨过海河、黄河、淮河、长江、钱塘江五条大江河的皇帝,开创了清帝南巡的先例。康熙帝的南巡,巡的又是什么呢?不外乎这几点:

康熙南巡的主要目的,首先是治理黄河。

康熙深知黄、淮两河关系运道民生,最为紧要,所以将治理黄河视为南巡任务中的重中之重,早在平定三藩之前,他就把治河列为国家三大事之一。南巡考察河务并不是做做样子给百姓看的,而是切实做一些实事,康熙亲临工地,视察河务,了解、研究河势汹涌之原因。根据实际情况,不惜花费重金命令河臣加固运河堤岸,以抗御黄河水流的冲击和侵蚀。皇帝如此重视,大臣们当然也不敢疏忽,每每都把黄河的治理提到首要。康熙之时,河道尽管仍时有溃决,但水患已经大大地受到了控制。

南巡中,康熙还不忘团结笼络江南汉族士大夫。清朝初期,清政府处于推行武装统一的非常时期,对于汉族士大夫此起彼伏的反抗斗争,主要采取的是高压政策。康熙执政后,国内情势趋于好转,鉴于形势的变化,逐步改变了清朝初期的高压政策,反而采取亲汉民政策。康熙每次南巡都谒孔庙、拜禹陵、祭明太祖陵,以迎合汉民族的心理。

康熙的这些做法不是向汉族低头示弱,而是想通过这些活动,减少汉族士大夫的反抗情绪，进而使其依附于清朝，扩大清统治阶级的社会基础。

康熙南巡时，在整顿吏治的同时，还重视了解民情，注意为各地兴利除弊。百姓的话才是真实的话。康熙见到生活艰难的百姓，无不嘘寒问暖、散金相助。他的这一举动使百姓欢悦，不胜感激。

民众之所以没有对康熙的南巡产生反感，大部分是因为他每次出巡都不讲究排场，更不会给百姓造成麻烦。他不但自己以身作则，还多次告诫臣子，南巡是为了更好地维护江山社稷而不是游山玩水，因而严禁地方官吏布置供帐，科派扰民。对那些在康熙南巡过程中妄想通过逢迎而加官晋职的官员，康熙更不会口下留情，定是严加训斥。

当然，这些记载中，难免有一些赞美夸大之词，但康熙所做到的，在历代皇帝中已经实属难能可贵了。

康熙一朝，是号称"康乾盛世"的起始，这应与康熙勤勉于政务，经常巡行四方、体察民情是分不开的。

避暑不过是个幌子

自秦始皇修建长城以来，古代许多朝代都会修补或建造长城来防卫敌人，长城不再是简单的高墙，更是人们，特别是掌控政权的君主心中的精神堡垒。这种长城情结已深深植入人心。但对于康熙来说，他心中的防线却不是长城，所以面对因年久失修而破败的长城，他并没有一味地仿效古人修长城，而是理性地思考更为深入的问题。

康熙在寻找一座真正的长城，一座能保卫大清的精神长城，最后他得到了答案——避暑山庄就是他所建筑起来的"长城"。

避暑山庄是我国现存最大的皇家园林，位于河北省承德市。它占地面积564平方米，甚至比颐和园大了足足一倍。最初发起构建这座宏伟美丽的皇家园林的就是康熙。

避暑山庄始建于康熙四十二年（1703年），建成于乾隆五十五年，历时80多年。虽名为避暑山庄，却不仅仅是皇上们每逢盛夏之时的避暑之地，它在政治上的意义大过它字面上的意思，它是中国清朝皇帝为了实现安抚、团结中国边疆少数民族，巩固国家统一的政治目的而修建的一座夏宫。

在多数人眼里，尤其是炎炎烈日照耀之时，首先会想到的便是承德的避暑山庄。这个建于清代的避暑胜地，于我们而言是大名鼎鼎的旅游景区，可对于清王朝的康熙而言，却潜藏着独到的军事智慧和深刻的军事战略意义在其中。

整个山庄的地形涵盖高峰、湖沼、平原地带，相对等差180米，外形上很像中国地形的缩影，所以，修建避暑山庄本身就蕴含了一份浓重的政治色彩，旷世哲人黑格尔敏锐地注意到了避暑山庄这座园林的与众不同之处，特别是从周围那些规格高贵的寺庙，看出了这位"千古一帝"的用心。可见，康熙并不是随随便便就挑了一个地界就开始修建的。

避暑山庄融汇了中国南北风景建筑风格的精华，在外形上看似是一座普通的行宫，其实在当时，却凝聚了康熙皇帝无限的心血，它对于康熙有着非凡的意义。如果秦始皇的安全感来自于万里长城的话，那么，避暑山庄就是康熙心中保卫大清的"长城"，避暑山庄寄托着他的殷切希望，可以说是康熙的精神家园。

康熙8岁继位，16岁铲除鳌拜集团，20岁开始力排众议向吴三桂宣战，经过8年时间平定了三藩，此后的胜利记录更是数不胜数。可以说他一生丰功伟绩，征战无数。得到胜利喜悦的同时，也知道战争本身的辛苦，战争可以成就英雄，同样也能摧毁一片本来完好的河山。所以，康熙深感江山的来之不易，得到江山之后，如何保卫江山长盛不衰，就自然成为他最为关心和担忧的问题。

平定三藩后，噶尔丹以及沙俄又相继出现骚乱，噶尔丹甚至攻打到了离北京不远的乌兰布通，这使康熙震惊之余担忧不已，便设想在北方各少数民族心中筑起一道坚不可摧的万里防线，而这防线究竟是什么？康熙就此问题一直在苦苦思考。

康熙皇帝在北巡途中，偶然发现承德这片地方地势良好，气候宜人，风景优美，关键是承德还直达清王朝的发祥地——北方，是内外接壤的一个好地方。

康熙虽然出生于京城，但是在他心中仍然惦念着他真正的家乡。也许偌大的故宫并没有给康熙一个家的概念。要看真正的大清，非承德不可。与北京紫禁城相比，避暑山庄没有复杂的政治宫殿，没有一层层看不到边际让人头晕的城墙，有的只是秀丽的风景，只是被还原了的大清江山。康熙在这里可以得到真正的放松，于是，此处理所当然地成了清朝塞外的政治中心。

避暑山庄初具规模之后，就成了清政府联络蒙古各部及巩固北部边防的联接地。在修建避暑山庄之前，康熙就于1681年率领骑兵在北京以北建立了"木兰围场"，每年秋季都要到那里进行大规模"围猎"，"围猎"也被视为清政府难得一遇的盛会。王公大臣、各级官兵都要去，以"娴习骑射"为口号，以避暑山庄作为这场具有庞大规模的盛会的行宫。表面看来，狩猎无非是一个皇帝的休闲活动，再深究也只不过是皇子们和文武百官练习骑射、交流心得的平台。其实则不然，康熙作为"千古一帝"自然不会仅仅因为游玩就举办如此大的盛会，这打猎名为打猎，实则是一场声势浩大的军事演习。

入关之前，勇猛无敌的八旗兵在平定南方叛乱中，出乎意料所表现出来的军纪涣散、技能低下，已经引起康熙皇帝的警惕。深知或许是平静日子过惯了，八旗兵都忘了祖宗留下的看门本领了。所以，康熙从1677年开始北巡，1681年建立"木兰围场"。从此以后，康熙皇帝差不多每年都要到"木兰围场"行围打猎，以重塑八旗兵的军容军貌。

从古至今，中国的历代王朝均以武力开国，即如唐太宗李世民所说过的"马上打天下"。因此在开国之初，历朝士兵皆龙威虎猛，骁勇善战。但到了"不能马上治天下"之时，便会斗志丧失，羸弱不堪。

大清的建立亦是如此。当年努尔哈赤十三副铠甲起兵一统辽东，皇太极用兵一世终得大明江山，都是凭借着英勇善战的八旗兵之武力。到了康熙年间，康熙不愿看到生活在太平盛世中的士兵丧失满族人应有的那份战斗力，便将打猎这一原本是娱乐的活动变成了保持满族贵族勇猛、剽悍作风和对士兵进行训练的良机。事实上，康熙也确然得到了其所希望得到的结果。

围猎带来的效果让康熙十分满意的，还有清政府与蒙古各部落的关系在此活动中的升温。清兵入关前，八旗军与蒙古骑兵一直是结盟作战的好兄弟，然而当顺治入关进京称帝后，按礼节，蒙古各部落首领须进京跪拜皇帝，这对于昔日与八旗军兄弟相称的蒙古部落而言，心理上难免很不畅快。为了能够减轻蒙古各部的心理落差，将以往平起平坐的关系延续下去，康熙时常在避暑山庄万树园附近举行野宴，款待包括蒙古族在内的少数民族的王公贵族，觥筹交错间，满族人与其他少数民族的关系进一步亲密。清王朝的这些举动，不但联络了友情，还起到了炫耀清王朝的武力，威慑他族的作用，加强了少数民族对中央的向心力，民族关系得到了很好的发展。

在青山绿水之间，在休闲娱乐之间，皇恩的浩荡、臣子的忠心诠释得淋漓尽致。最复杂的政治目的和最残酷的军事斗争被消解得了无点痕，只剩下君臣之间浓浓的情感和归依者的感激涕零。

可以看出，清代康熙、乾隆皇帝修建避暑山庄，除了供自身避暑消夏以外，还有着不可忽视的军事目的。避暑山庄不仅是集中国传统文化之大成的旷世园林，更是大清帝国坚不可摧的心脏。

山区里做官，土房里断案

上升期的清前期，于成龙以"天下第一廉吏"的身份名垂青史，着实不易，这里既有康熙大力提携之功，也有于成龙洁身自好之力。《清史稿》记载说，于成龙"以文吏而善武略，屡著奇功"，在康熙、官员和百姓之间运筹平衡，为个人数十年清誉铸颂词，为大清三百年基业洗铅华。

于成龙，字北溟，号于山，他于明万历四十五年（1617年）出生在山西永宁州（今方山县）。生性成熟稳重的于成龙，和乡里其他孩子的活泼好动大相径庭，十余岁之时，不苟言笑。于成龙读书，并非死读书，也并非单纯为了博取功名，而是取其精华去其糟粕，将儒家经典中有益于磨砺个性的圣人言语引为己用，同窗深以为异。

时值天下大乱，群雄并起，盗贼猖獗，为了防备外患，乡里决定修筑堡垒。恰好于成龙家的祖坟就在要塞之上，他当机立断，为保前人平安，亲自在祖坟上动土开工，修筑堡垒。崇祯十二年（1639年），于成龙参加乡试，中了副榜贡生，有了进入仕途的机会，然而也是造化使然，这时候于成龙似乎预见了大明命不长久，加之父亲年迈，遂放弃了做官的机会。直到顺治十八年（1661年），于成龙才重新考取功名，出仕为官。

出仕之后的于成龙被派遣到广西柳州府罗城县做了县令。当时的广西柳州民风彪悍，自然环境恶劣，距离于成龙所在的山西永宁州有万里之遥。即将赴任之时，家人颇为担心，害怕他会此去难回，于成龙虽然对此也有一些隐忧，但却不以为意地说道："边地皆吾民土，惟国家所使。人生仕宦，岂择难易哉？且罗城可遂无官耶？义不辞险也！此行绝不以温饱为念，所自信者，天理良心四字而已。"就这样，于成龙带着雇来的三个仆役来到了罗城，一到任才发现，现实比他想象的更为残酷，偌大的罗城，竟然连个县衙也没有。

于是，于成龙和仆从一起，用湿土砌成一个土台充当几案，用树枝编成一个简易的门，用一些石块搭成了一个简单的房子，但凡路过者，都被于成龙召进来，询问其疾苦困顿之处。后来，于成龙又穿着草鞋，在群山峻岭之间行走，刮风下雨从不间断，以深入农村嘘寒问暖，为民纾困。

在于成龙的号召下，数千流民被召集起来，开荒垦地，农民纷纷开始重农务本，得到教化。后来，于成龙又兴建学校，广修民宅，建构城墙，如此，罗城生产得到了恢复和发展，于成龙也广得人心。

然而此时罗城县依然面对着两大难题，一是当地山民经常出入山林，劫掠人畜；二是当地一些大户常常私自处置奴仆，滥用私刑，藐视官员，蔑视法律。于成龙遂采取"治乱世，用重典"的方法，在罗城县建立了保甲制度，同时让乡民在一起练兵，抱着为民而死甚于瘴疠而死的决心，声势浩荡地将矛头指向了"柳城西乡贼"。终于，西乡"渠魁俯首乞恩讲和，抢掳男女牛畜尽行退还"。此外，于成龙还采用了刚柔并用的斗争策略，让那些桀骜不驯的地方大户"皆奉法唯谨"。

如此一来，仅仅三年时间，罗城在于成龙的治理下焕然一新，这让广西布政使金光祖为之赞叹，并将罗城列为全省治理的楷模。与此同时，当初随从于成龙前来为官的仆役死的死，逃的逃，最后只剩下他一个人在县衙管事。乡民见于成龙生活疾苦，时不时地会给他送些吃食、家用，于成龙何等清廉，自然不肯接受。

康熙三年（1664年）春，广西布政使金光祖升为广西巡抚，专门召见于成龙，向他询问治理意见。于成龙认为，要达成广西大治，需要从五个方面出发：首先，澄清地方吏治；其次，推行"抚"字催科；第三，"弭盗"与"慎刑"；第四，减轻百姓负担，除灾害、疏盐行、清杂派；第五，改善民族关系。这些建议既合乎统治者的需要，也符合民众的利益，得到金光祖的赞许。

康熙六年（1667年），于成龙被两广总督芦光祖举荐为广西省唯一"卓异"，同时还得到了金光祖的举荐，升迁为四川合州（今四川合川市）知州。罗城之艰难实属罕见，四川也并非古往今来一直为人称道的天府之国。于成龙到达合州时，当地人口不足两百，而且人人难足温饱。加之当地官吏对这一地区施行严酷的压榨政策，合州百姓生活极度困顿。

更让于成龙气愤的是，他刚到任不久，上级就直接给他下达了索贿帖，要求合州进献鲜鱼。他在愤怒之下写信抗议道："民脂民膏竭矣，无怜而问者。顾乃欲鱼吾民，吾安所得鱼乎？"上级见信，惭愧不已，主动撤销了对那里的盘剥政策，百姓负担有所减轻。

见到合州到处是荒芜的土地，于成龙大力发展生产，最终使得这一地区"新集者既知田业可恃为己有而无复征发仓卒之忧，远近悦赴，旬日之间户以千计"。两年时间不到，合州人口骤增，荒芜的田地种满了粮食，上级来考察政绩，甚为满意，遂于康熙八年（1669年）擢升于成龙为湖广黄州府（今湖北黄州市）同知。

在湖北的8年时间里，从同知升到知府，于成龙主要做了两件大事。首先，是治盗省讼。于成龙断案如神，很快便得到了湖广巡抚张朝珍的器重，再次被举"卓异"。其次，则是两次平定"东山之乱"。当时，于成龙被调去主持武昌府政务，并将擢武昌知府。恰逢三藩之乱爆发，不久又调任黄州知府，与当地的暴乱分子展开激战，于成龙身先士卒的魄力、将生死置之度外的气度，使战斗获得全胜，暴乱首领何士荣被当场擒获。在短短20天之内，便安定了黄州，得到了湖广总督蔡毓荣的高度褒奖。

之后，于成龙升湖广下江陆道道员，驻地湖北新州（今新春县）。虽然地位在提高，但是于成龙却丝毫不改自己艰苦的生活作风，甚至在灾荒之年还吃糠咽菜，将粮食节省下来救助灾民，百姓感念道："要得清廉分数足，唯学于公食糠粥。"

康熙十七年（1678年），于成龙升福建按察使，离开湖北之时，身无他物，唯独一捆行囊，两袖清风。第二年夏天，因为在福建的清正，于成龙第三次举"卓异"，升任省布政使，自此得到康熙的赏识和破格招用。康熙十九年，康熙帝"特简"于成龙为畿辅直隶巡抚，后来于成龙奉命进京，康熙当面褒扬他"今时清官第一",并"制诗一章",表赐白银、御马以"嘉其廉能"。成了康熙帝面前红人的于成龙,一路平步青云,最终做了总制两江总督。

这个官职实质上是"治官之官",于成龙鲜明地指出,"国家之安危由于人心之得失,而人心之得失在于用人行政,识其顺逆之情"。"以一夫不获曰予之喜,以一吏不法曰予之咎,为保郅致政之本。"此后,于成龙所到之处,"官吏望风改操"。康熙帝盛赞于成龙"宽严并济,人所难学"。

世间事多是祸福相倚,于成龙一面飞黄腾达,备受部分人的尊崇,另一面则受到异心之人的诬陷诽谤。后者让于成龙郁愤交加,痛心不已,并于清康熙二十三年(1684年)逝世,终年67岁,死后谥"清端",康熙帝遂亲自为他撰写碑文,赠太子太保。

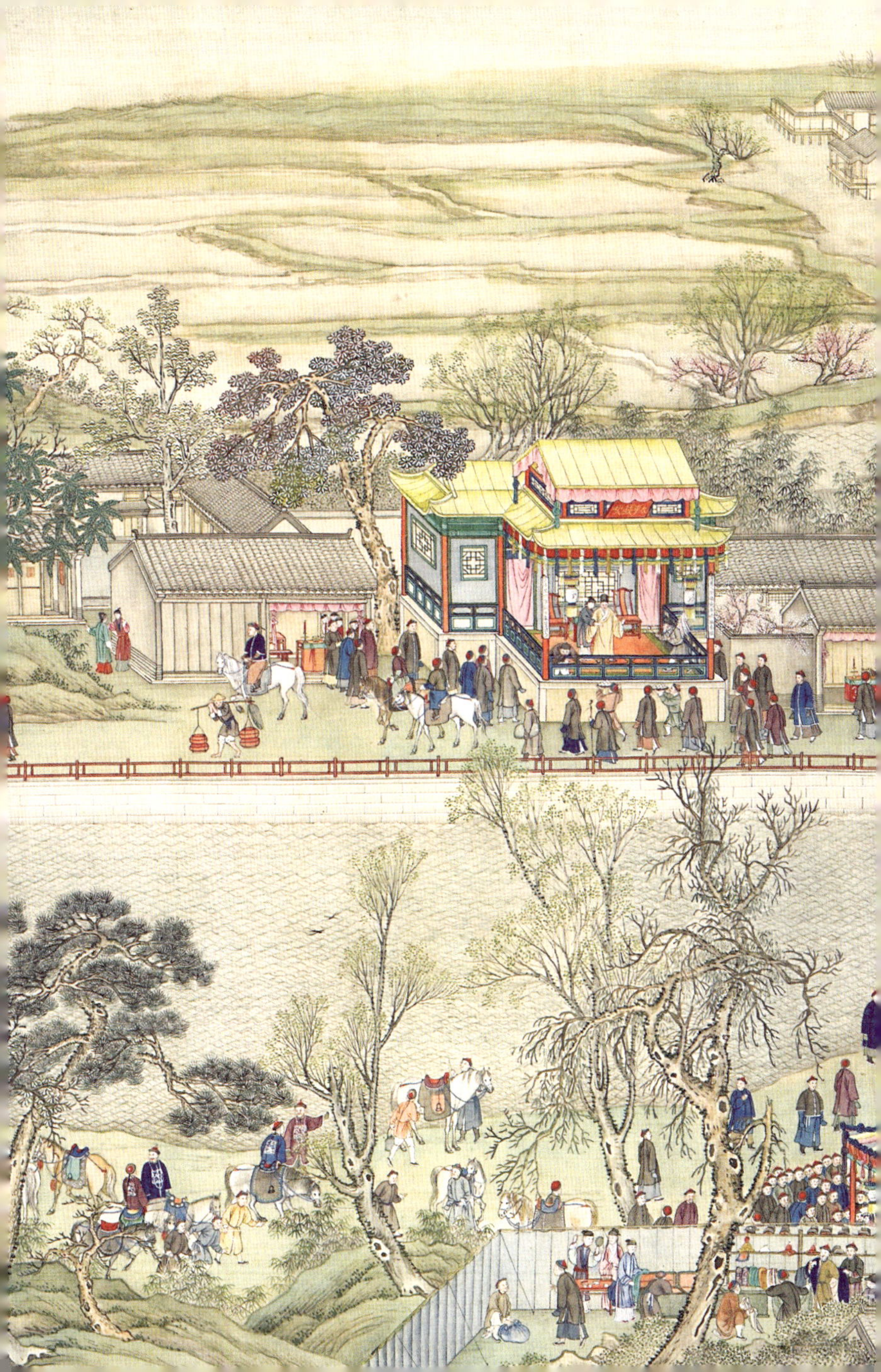

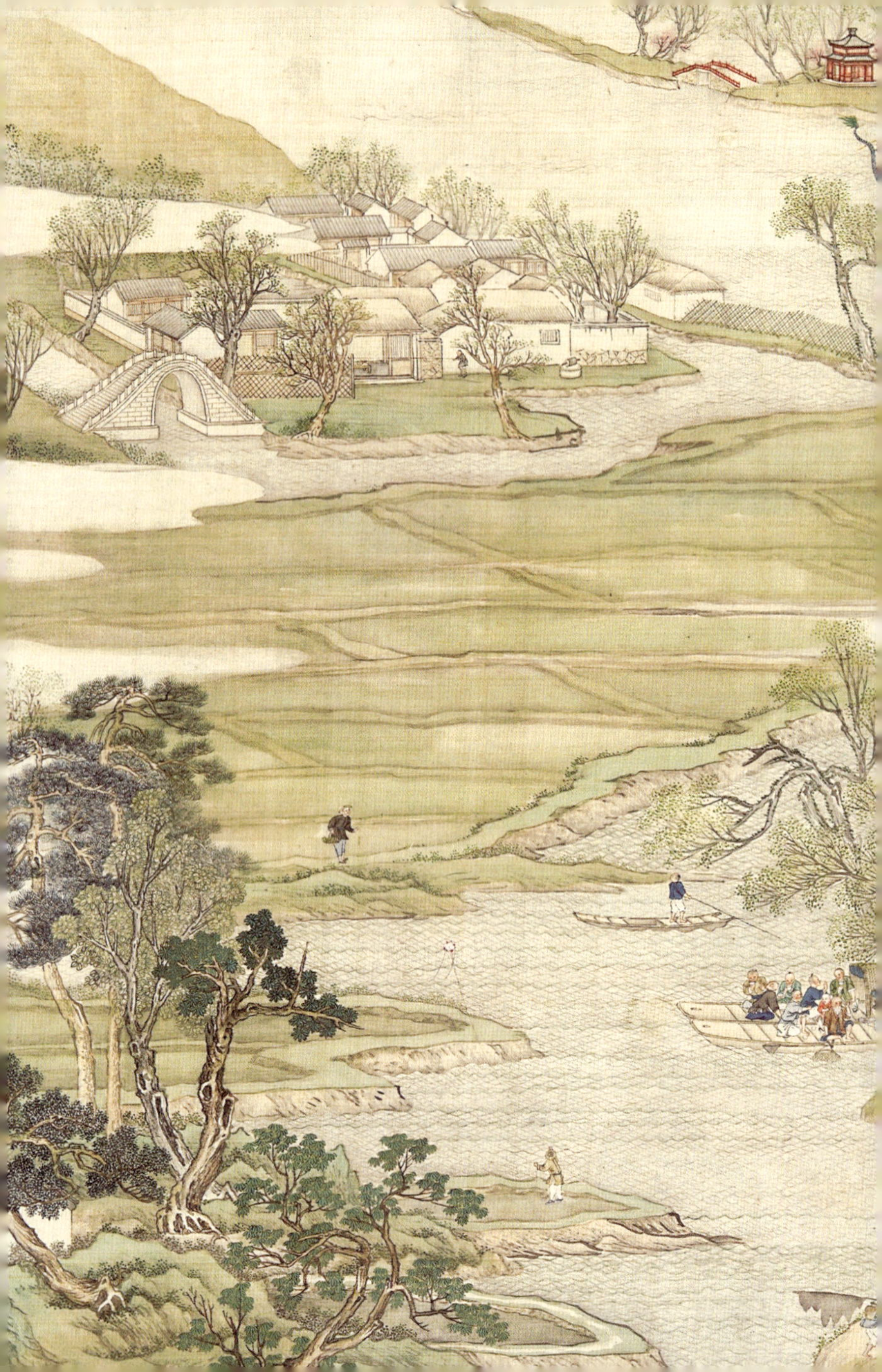

靳辅治河，百姓丰衣足食

明朝末年天灾人祸不断发生，而明末政府吏治腐败，剥削压迫有增无减，又逢陕西干旱，百姓生活困难，阶级矛盾一触即发。随后，农民起义在陕北爆发，直至清顺治年间才基本结束。这场起义给当时的统治者以致命的一击，并给清朝统治者以深刻的启示。

为了加强清朝的经济力量，巩固封建统治政权，清政府自建立以来推行了一系列有利于农业生产和发展的措施，包括兴修水利、蠲免田赋、奖励垦荒、更名田、永禁圈地、修改逃人法以及改革赋役制度等。

在兴修水利方面，河道治理是重中之重。

自古，黄河沿岸一直是农业发展的重灾区，由于黄河挟带大量泥沙经由河南、江苏进入大海，加上河道长期失修，泥沙堵塞，堤防不稳固，一遇雨季便常常泛滥决堤，殃及沿岸百姓的生产和生命财产，河道治理也因此成为清朝皇帝心头的一块石头。

康熙就曾经将三藩、河务、漕运三件事写于纸上，悬于宫廷梁柱上，以此提醒自己和文武百官重视治河。但是在平定"三藩"以前，清王朝还顾不上治理黄河。直到康熙十六年（1677年），平定三潘的胜局在握，康熙才任命靳辅为河督，开始大力治理黄河。

靳辅，原来曾担任过安徽巡抚，在职期间十分注意农田水利的修建，并躬亲进行勘查，积极听取劳动人民的意见和经验，进行因地制宜的兴建。在治理黄河时，他同样坚持这种行为方式，"无论绅士兵民以及工匠夫役人等，凡有一言可行者"，"莫不虚心采择，以期得当"。在此期间，还不拘一格地任用无名无权的水利方面的人才陈潢作为自己的助理，协同自己共同治河。

靳辅和陈潢治河主要分两个阶段进行。从康熙十六年至二十二年（1677年至1683年）是第一阶段。此阶段重点是堵塞决口，使黄河归复原来的河道。由于黄河水势凶猛，根本不容人靠近，所以历年来人们都束手无策。而陈潢改变施工的老方法，通过开引河、筑减水坝，使决口的水势放缓，然后堵住决口。几年工夫下来，高家堰与黄河其他决口完全被堵塞，黄、淮各归其道。

从1683年至1688年（康熙二十二年至十七年）是治河的第二个阶段。此时施工位置向上游移动，以筑堤为主。在此阶段，靳辅、陈潢沿河筑堤七千九百八十九丈，修筑月形堤坝三百三十丈，对保护堤岸、防水冲刷起到了重要作用。另外，为了保证漕船在河中的运营安全，靳辅、陈潢在黄河北岸开挖中河道，使漕船避开了黄河一百多里的险要地带，提高了运输效率，也保证了沿岸农作物产品的通常运输。

经过靳辅和陈潢十余年的治理，黄河沿岸的旱涝防治、通航状况成效显著。长期被洪涝淹没的苏北大片土地变成了万亩良田。康熙于1707年第六次南巡，视察河道治理情况时也由衷地肯定了靳辅和陈潢的治河功绩。

河道的治理为农业生产的发展提供了前提和基础，而农业技术方面的发展和进步，则为清朝农业的恢复和发展提供了直接的帮助和指导。

清朝皇帝继承历代以农立国的方针，注意依照前人在农业技术方面的经验和成就，一方面对前代书籍进行整理编纂，另一方面也要求农村有识之士注意在实际应用中对亲身经验进行书面总结。这样，农业生产技术在清代获得了长足的发展。

1708年，康熙命令汪灏等人在《群芳谱》的基础上进行删订扩充，编成《广群芳谱》100卷。《群芳谱》本是明代一本介绍植物栽培的书籍，全书不超过30卷。而百卷本的《广群芳谱》俨然成为了一部介绍五谷、桑麻、瓜果、蔬菜的植物学百科全书。书中对每种植物的形态、特征和栽培方法做了详细的记载和介绍。

1742年（乾隆七年），乾隆皇帝授权鄂尔泰等人，命其收集整理手头所有旧文献中关于农业的材料，编纂成清朝第一部大型官修综合性农书——《授时通考》。此书共78卷，分别从天时、土宜、谷种、功作、劝课、蓄聚、蚕桑、农余等8个方面来论述农事上的相关事宜。

这两部著作，都是钦定编纂，并以御制之名颁布发行，后来收入《四库全书》中，对清代农业发展产生过很大的影响。

清代，一些生活在农村的知识分子亲身参与并留心观察研究农业的生产过程，以个人名义写就了很多十分有价值的农学著述。清初张履祥所著的《补农书》、陈淏子的《花镜》是其中的代表。

张履祥的《补农书》系统地记载了江南地区在明末清初时农家

经营和农业生产技术的具体情况。在提到农作物的栽培制度时，书中强调深耕通晒、施足基肥、培育壮秧、合理密植。在后期看护中，对作物除草、中耕、追肥、烤田和防虫也做了详细的规定，在收割、收藏等方面也做了方法性的提点和规定，正所谓"凡田家纤悉之务。无不习其果而能苦其玛"。

清初农学家陈淏子所著《花镜》一书，仔细地介绍了300多种花木果树的品种和栽培方法，是我国现存最早的一部园艺著作。陈淏子在书中强调"人力可以回天"，并对植物嫁接作用和原理做了具有建设意义的探讨。

稍晚一些的杨屾，本是雍乾时代的一个乡村教师，因长期参加农业生产，农事经验丰富，遂著《知本提纲》，研究耕稼、园圃、蚕桑、树艺、畜牧，并详细地记载了相关的农业生产技术。他的另一本书《豳风广义》，辑录种桑养蚕、抽丝织锦方面的相关经验和事宜。因时因地制宜的农事法则贯穿其中。

经过清朝前期恢复发展，到了康熙年间，全国耕地面积已经将近八亿亩，全国的实际人口数量不低于八九千万，而在明朝时，这两个数字最多不超过七亿和六千万。这些数字和涨幅都充分证明了当时农业生产力的发展水平。随着农业生产力的进一步发展，农副产品的进一步丰富，农产品的商品化倾向日益明显，其中以棉花的商品化最为典型。

在我国古代，百姓一般以麻织品作为衣料来保温御寒。但是和麻纺织品相比，棉花和棉纺织品更便宜，质地更柔软，保暖性也更强，所以自宋元以来，棉花逐渐代替了麻纺。到了明清时代，棉花的需求量仍在不断增长，棉花的种植也在清代愈加盛行。

但是在棉花种植、纺织、日用的过程中，它的内部也在悄然间发生着变化。随着商品经济的发展和社会分工的扩展，原来仅仅局限于自织自用的家庭手工业逐渐成为了一个专门的行业。

在当时一些重要的产棉区，很多农民以种棉为生，而不再单纯地依靠田地出产的粮食维持生计。乾隆初年，河南巡抚尹会一曾说"棉花产自豫省而商贩贩于江南"。可见当时的棉花产量不仅大，而且大多以之为商品生产，南北之间互通有无。

除了专门种植棉花的棉农外，负责各地棉花运输贩卖的小商贩、大商人也应运而生。专门从事棉花买卖生意的商人或者商贩，会携带一定数额的金钱资本，到产棉区"坐庄"收购。然后再将收购来的棉花贩运他处，在此周转中获利。而商人、商贩手中的金钱资本到了棉农手中，就成了他们换购粮食、日常用品的收入来源。有金钱基础和地理优势的地方，还开设"洋行铺户"贱价收购棉花，贩运至国外。

农产品的商品化除了在种植棉花方面有体现外，在植桑养蚕、抽丝织绸、烟草种植、烟叶加工等方面已经形成机制。这种现象更是农业生产发展到较高程度的一种外现。

北"京"南"扬",平分秋色

到康、雍、乾时期,伴随着社会分工不断扩大和细化,商品经济不断繁荣发展,一些城市的手工业和商业也日益发展起来,从而带动了城镇本身的发展,在北方以北京为代表,在南方以扬州为代表。除此之外,苏州、杭州、江宁、佛山、广州、汉口等城市的发展也已经具备了工商业城市规模。

北京

金、元、明三代都曾将都城设在北京,加上作为清朝都城的200多年,北京作为都城的时间总共加起来达800年之久,不愧是一座历史悠久的古城。

北京凭借自己的政治优势,大力发展经济和交通,在清朝前期就已经初步形成了四通八达的全国交通网络,水陆兼备,交通十分便利,这就进一步为北京商业的进步发展和文化交流提供了有利的条件。所以当时的北京不仅是全国的政治、文化中心,也是我国北方商业贸易中转枢纽。

清代的很多大贾富商,在拥有了成千上万的资本后,大都在宣武、正阳、崇文三门之外设立商铺经营工商业。到乾隆年间,正阳门外的大栅栏一带,已经形成了一片热闹繁华的商业区。这里店铺林立,小商摊贩如蜂攒蚁聚,酒楼茶肆更是鳞次栉比。所以当时北京最繁华的地区不在达官显贵聚集的内城,而是在宣武、正阳、崇文三门之外。

北京的工商业,几乎全部掌握在与帮会有关的大商人手里。这些商人为了最大限额地获取利润,纷纷不约而同地设立商人会馆,为同行商人聚会、囤积货物、订立行规、统一度量衡提供方便。随着工商业不断发展,各式各样的工商业会馆如雨后春笋般地不断出现。

会馆的无限制设立,不仅会影响市场的运行状况,还会产生其他一些负面影响,比如史书曾记载乾隆年间"各省争建会馆,甚至大县亦建一馆",致使三门之外的地价、房价直线攀升。

由于北京的国都地位、政治地位、商业优势和地理气候优势,它吸引了很多中上层人士前来定居。上自皇亲国戚,下至官商富贾、地主富户,无不在这里过着衣食无忧、奢侈豪华的生活。当然这种上流生活是建立在盘剥之上的。

为了满足剥削阶级享受生活的需要,北京的工商业渐渐走上了畸形发展的道路。这主要表现在以下几个方面:

第一,北京的商业远比手工业发达。

第二,北京最发达的手工业,主要集中在高级奢侈品的生产上,如珐琅、玉器、雕漆、毛织品的制作工业。

第三,和普通百姓日常生活息息相关的手工业产品几乎全部仰仗外部输入。北京当地很少生产。如北京的土布主要靠山东和河北高阳等地供应，纸张由安徽、福建、江西等省提供，而烟叶则来自关东和河北易县等地。

所以，从经济层面上来说，北京的繁荣和重要不仅因为它是国都所在，更重要的是它是当时的一个庞大的消费城市。

扬州

自隋唐以来，扬州就是一个因盐业而著称的南方大都市。清初的时候，由于扬州人民竭力抗清，清政府又采取武力镇压，所以大批的扬州市民命丧黄泉，昔日繁华的江淮名城也变得千疮百孔，处处是断壁残垣。到了17世纪末18世纪初，清朝的统治逐渐稳固，政治也算清明，加之政府对扬州政策的改变，扬州盐业和其他商业，才逐渐有所恢复，恢复完成后就进入了迅速发展的阶段。

扬州地处长江以北，淮河以南，东临大海，西濒运河，方圆数百里，河流纵横，湖泊众多，水陆交通之方便无以复加，所以，扬州是清王朝南漕北运的船只的必经之地。

除此之外，扬州极具渔盐之利，是我国中部各省食盐的供应基地。乾隆年间，两淮一带的煮盐作坊不计其数，而当时靠贩盐为业的商人获利最多。所以当时的扬州城"四方豪商大贾鳞集辐至，侨寄户居者不下数十万"。

清朝政府十分重视盐的管理，由官府掌握盐的买卖运输，还专门设立了掌管盐务的官员。扬州作为"官盐"的主要供应地，它的盐多运销长江中上游各省。所以大凡盐商多与盐官有往来，而扬州的盐商与清政府的关系最为密切。如清朝前期，一个名叫徐乾学的刑部尚书就曾把十万两银子托付给当时的大盐商项景元从事盐业的投机贸易活动。再如，扬州另一个大盐商安麓饰，就是仰仗着给清朝大学士明珠做家仆的父亲发迹的。而且在清朝很多需要银两补贴的时候，不乏大盐商出钱资助的情况。例如，乾隆五十一年（1786年），盐商江广达就捐了二百万两银子资助清政府镇压林爽文起义。嘉庆年间，清政府在镇压川楚陕的白莲教起义时遭遇军饷匮乏的窘境，正当他们一筹莫展的时候，扬州盐商鲍漱芳积极向清政府"输饷"。事后，清政府就赐封给他一个盐运使的头衔作为回报奖赏。另外，在清政府治河经费不足时，还是盐商们在"集众输银"，最后以三百万两的数目解决了经费不足的问题。

这些捐助不仅显示了官府和商人、盐商之间的密切关系，同时也显示了盐商们的财力之雄厚。到了雍正、乾隆年间，扬州盐商已经成了囤积居奇、获利最大的商人之一。这些声势显赫、财力雄厚的盐商们平时"衣服屋宇穷极华靡，金钱珠宝视为泥沙"，有一次，众多盐商为了方便乾隆南巡居住，耗资二十万两银子修建临江行宫。然而这些财富银两无一不是通过残酷的剥削手段获得的。

综合水路运输的发达和盐业的获利丰厚，扬州的商业活动十分繁盛。乾隆南巡到达扬州时，看到车水马龙的商业景观，动笔写下了"广陵风物久繁华""广陵繁华今倍昔"的诗句。

类似的还有"岭南一大都会""四方之估走如鹜"的广东佛山，"金山珠海，天子南库"的广州，"城郭宽广，居民稠密""风帆浪泊"的杭州，"机业之兴，百货萃焉"的南京……

除了这些大城市外，还有一些小城市在向中等城市迈进。如江苏镇江、江西景德镇、湖南郴州、山东济宁、河北宣化、福建厦门等地，也都是商品经济发达的城市。在商业经济发展的推动下，它们各自的人口规模、城市规模已经具备了中等城市的规模。

第四章
九子夺嫡花样多

胤禔、胤礽、胤祉、胤禛、胤祺、胤禟、胤䄉、胤祥、胤禵，康熙帝成人且受到册封的20个儿子之中，有9人在觊觎已经被父皇坐了一个甲子的皇位。有单干，有朋党，有高调，有隐忍，九王在钩心斗角、阴谋阳谋中策划着自己登基之路。

赚人眼球的太子往事

康熙一生中总共有35子20女，可谓壮观。中国封建社会几千年的历史中，皇位都是采取世袭制的传统。拥有众多儿子的康熙是不会有无人继承家业的烦恼的，反而选谁做下一代接班人倒成了这千古一帝心中的难题，所以，太子位几立几废。康熙一直在斟酌考量，最后还是没有设计出一个完美的结局。

清朝前期奉行"有德者即登大位"，而不是嫡长子继承制。但"有德"这个评价标准在现实中不好操作，正因为如此，各皇子才为争夺皇位而打得头破血流、不可开交。

在康熙王朝中，太子位的争夺始终是赚人眼球的巨大噱头，众多皇子中，二皇子胤礽的两起两落也是最为精彩的。年仅一岁就荣登太子位，这是何等的幸运？但随着时间的延长，这种幸运慢慢转化成了一种尴尬，毕竟当了40多年的太子还真是前无古人、后无来者的。随着其他皇子的羽翼越来越丰满，胤礽的耐心也最终耗尽，渐渐对自己不利的形势促使他一次又一次地铤而走险。不过他可能不太了解自己父亲的实力，伴随着反抗的是康熙愈加决然的镇压。最终，胤礽成为历史上第一个也是唯一一个被两立两废的太子。

事实上，在胤礽之前还有一个哥哥，即皇长子胤禔，但他的母亲只是一般的嫔妃。皇次子胤礽的母亲是皇后且年纪轻轻又死了，康熙与胤礽之母感情非常好，为了让她安心地离去，康熙满足了她最后的愿望，决定立其子胤礽为皇太子。

康熙为什么要立这个根本就没有才能的皇子为太子？其实也是他的一种策略。康熙本身熟读历史，知道自封建王朝的开始，便有无数人死伤于皇位之争上，为了避免这种血缘相残的情况在自己身上发生，所以，胤礽的太子之位一坐就坐了40多年，不但可以避免继位引起的纷争，还可以保护自己真正看中的继承人不成为被攻击的靶子。

其实，在最初之时，康熙也真的是十分喜爱这个小太子的。因为康熙深爱着胤礽的母亲，而这个红颜薄命的女人又早早离去，致使多情的康熙将对爱妃的怀念之情统统转移到了这个孩子的身上，胤礽自幼即被视为父皇掌上明珠。康熙皇帝将胤礽留在自己的身边，一起在宫中生活，他亲自照看这个幼小的孩子，看着他一天天成长。

之所以特别爱这个幼年丧母的孩子，也与康熙自己早年的经历有关。康熙幼年时就失去了父母，虽然有祖母悉心照料，但是也十分渴望父母的爱怜。因此，他对胤礽充满爱怜，倍加体贴、照顾，亲自教他读书。胤礽经父、师指点，确实显露出几分不可多得的灵气。他文通满汉，武熟骑射，加上仪表堂堂，着实惹人喜爱。康熙特意在畅春园之西为胤礽修了一座小园林，赏他居住，连出巡时也命他随侍左右。

太子胤礽在皇室中有着很深的背景,他的外祖父噶布喇是领侍卫内大臣,外叔公索额图是大学士、当朝宰相、领侍卫内大臣。可见为他撑腰的都是朝中举足轻重的大人物,而他的顺利登基也可以为周围的亲人在危机四伏的朝廷竖起坚固保护网,所以,这些人不遗余力地给胤礽出谋划策,在他的周围形成了一股政治势力,这就是太子党。

正所谓宫廷深似海。皇帝始终不是普通百姓人家的父亲。伴君如伴虎不仅是给臣子的忠告,同时也是给皇子们的警言。随着胤礽长大懂事之后,这对亲密的父子之间也渐渐地产生了一些矛盾。随着康熙初年国内外的混乱形势逐渐改善,到了康熙王朝中期已经露出"康乾盛世"的景象,困苦艰难的时期已经过去,朝廷的国库也日渐充盈,国内外边疆都显出一片和谐之状。安逸的生活使身为统治阶级的贵族子弟滋生了一股享乐奢侈之风,身为太子的胤礽同样在温室的胚胎中滋养出不愿奋进的骄气和惰性。因为在同辈兄弟中,他所处的地位最优越,于是更加放纵任性,为我所欲的心理忽略了身边潜伏着的忧患。他不曾想过其实自己始终处在一个巨大的透明舞台上,一举一动都展示在众人的眼中、供人审阅,更是忽略了康熙那一双犀利而又挑剔的眼睛。

康熙与胤礽之间首次出现裂痕是在康熙亲征噶尔丹之时。当初为了安抚噶尔丹,康熙不惜把自己最心爱的女儿远嫁他乡,不想还是没有压制住噶尔丹的野心。不得已,康熙亲征,讨伐自己的女儿和女婿。战争加上心痛,康熙十分想念亲人的陪伴,于是特召胤礽至行宫安慰。康熙是一个敏感之人,洞悉他人的情绪更是仔细入微,胤礽面对父亲时所表现出来的无动于衷,使康熙大为伤心,更是对这个太子产生了失望之情。从此,父子之间原本亲密的关系蒙上了一层阴影。

接下去的日子,几次关键时刻,胤礽的表现都使康熙失望透顶。康熙虽然生在皇室,但对亲情却是最重视的,他最不愿意看到的也是自己的儿子互相残杀以争夺皇位。可胤礽最缺乏的就是身为皇太子所应该表现出来的兄友弟恭,对自己的兄弟姐妹,就算是一副伪善的面孔他都懒得去装。

有一次,康熙出巡塞外时带上了最喜爱的小儿子胤祄。因为气候恶劣外加年纪尚小,胤祄在途中暴病,即使康熙用尽各种手段,也没能挽留住他死去的脚步。老来丧子是任何人都无法忍受的事,即使像康熙这样儿子众多的父亲,也是不忍心看着自己的儿子死去的。

胤祄死后,康熙再无游玩之心,白发人送黑发人使他痛苦万分,但更让他伤心的是,其他皇子对胤祄病情的漠不关心。由此,康熙对自己的儿子们十分失望,特别是对皇太子胤礽,更是失望之至。

其实,在康熙对胤礽审视的同时,胤礽自己也在心中打着小算盘,对父亲的一举一动更是一刻也不放松地观察揣摩。在胤祄病死后,康熙对皇子们大发雷霆,喜怒不定,让这些皇子们感到十分恐慌。皇太子胤礽挨了骂,更为惶恐不安。他心中感觉康熙对自己已经失望透顶,眼看着储君之位摇摆不定,心情更为紧张,便派出自己的亲信去侦察康熙的起居,他自己也曾在夜间偷偷到康熙帐前窥视动静。不巧的是消息走漏了。康熙的儿子太多,皇位只有一个,其他皇子巴不得太子出错，一旦抓到胤礽的把柄是不可能轻易放过的，便把胤礽偷窥之事密告给了康熙。康熙知道后大为震怒，随后便召集了所有的随从大臣和武将，并将太子和其他皇子全部召来。康熙当着儿子大臣们的面，痛骂这个无情无义的太子，决定对胤礽新账旧账一起算，细数起胤礽平时的种种过失。

客观地说，胤礽也确实不是一块当皇帝的好料。这位皇太子由于背景强硬，身为储君具有特殊的权力，便不自制地养成了过分骄纵和暴戾的性情，平时对臣民稍有不满便任意殴打，就连他的侍从都狗仗人势地肆意敲诈勒索，仗势欺人，激起公愤。

胤礽的种种恶劣行径终于让康熙忍无可忍，狠下心来下令，废除胤礽的太子之位，将其囚禁在上驷院侧，由皇长子胤禔看守，还将废皇太子胤礽之事宣示天下。

如果此事的发展就到此为止的话，胤礽也许就再没有什么翻身机会了。可是，多方利益的相互牵制下引一处而动全身，何况太子的位置又是各种利益与欲望的衔接点。废太子的高潮还没有退下，皇三子胤祉就将大皇子胤禔当场揭发，声称皇太子之所以行为举止古怪异常，完全是因为大皇子在暗中用巫术所操纵的，大皇子才是奸诈阴险的小人，并且提出上门搜索罪证的要求。康熙震惊之余连忙派人搜查，果真发现了"魇胜"，确信胤礽为巫术致狂。

康熙帝气愤万分、心痛无比，自己的儿子竟然为了太子之位如此无所不用其极地相互算计，甚至想取自己兄弟的性命。相比较胤礽的昏庸无术，胤禔的小人招数更让康熙痛彻心扉。如此乱臣贼子再不能让他留在宫中祸害他人，于是，康熙将胤禔幽禁在府第高墙之内严加看守起来，使后者彻底失去了竞争皇位的权力。

不管胤礽的奇怪之举到底是不是巫术所为，但确实为他带来了置之死地而后生的转机。康熙帝认为胤礽是被魇附体致狂，立即召见胤礽，问及以前所作所为，胤礽顺水推舟地表示全然不知。康熙帝也觉得这个太子废得为时过早，在群臣又纷纷建议复立皇太子的情势中，便顺其自然地复立胤礽为皇太子，立太子福晋石氏为太子妃。就这样，刚刚萌起的太子之争又因胤礽的复立而被扼杀在了萌芽之中。

可惜的是胤礽并不理解康熙的用心良苦，虽然被放出来了，但依然不明事理、骄奢狂暴，被废的余惊未平，他更加意识到自己的太子位并不是牢不可摧的。那些被迫散去的太子党重新聚结起来，更加卖力地为其出谋划策。

当时，康熙已经六十有余，四爷党和八爷党更是虎视眈眈。胤礽自恃手中的砝码有限，对权力的渴望已经完全蒙蔽了他的心，甚至不顾及亲情，打起了逼宫的主意。胤礽的一举一动早已在康熙的密切监视之中，经历过大风大浪的康熙帝怎么会制服不了一个纨绔子弟的反叛之举？对于胤礽的不知悔改，康熙已经感到彻底的失望，于是将太子党分别谴责、缉捕、幽禁、绞杀。胤礽也不得不再次品尝被废的滋味，被禁锢在咸安宫内。

康熙死后，四阿哥胤禛继位，两立两废的皇太子胤礽被迁至祁县郑家庄，并以众兵看守。雍正二年十二月，胤礽病死于住所，时年51岁。

如意算盘也有不如意的时候

康熙一生有很多丰功伟绩，但他有一个最大的失败之处，就是没有做好皇位继承的工作，致使他的很多儿子遭遇不幸。

在康熙的儿子当中，有两位皇子有着与众不同之处。表面上看，他们是完全想开了，置自己于皇权争夺之外，但实际上却也想分得一份羹，他们就是大皇子胤禔和三皇子胤祉。

大阿哥爱新觉罗·胤禔其实并不是康熙的第一个儿子，他前面还有四个哥哥，因为前四子幼年夭折，故胤禔为皇长子。虽说是皇长子，但是在皇位的继承上并没有任何的优势，清朝皇族并不是像汉族人那样规定长子继位，也许胤禔也曾自叹过生不逢时，不但生不逢时，母妃的娘家还没有深厚的实力背景，这在讲究关系背景的清廷，在争夺皇上的战争中是很少有机会胜出的。所以，和很多皇子一样，胤禔生命中的大部分时间也是在期待、等待、失望、绝望中度过的。虽贵为皇长子，胤禔却没有因此而得到康熙格外的赏识。胤禔表面上遵从父命，似乎对皇位并没有过多的非分之想，但内心里对太子的地位是十分觊觎的。

康熙本身是人中翘楚，胤禔自然也是比较聪明能干的，再加上仪表堂堂是个美男子，所以，早期的时候康熙是非常喜欢这个儿子的。由于他是大皇子，年纪比其他皇子大，所以最先开始为康熙办理朝中政事。边疆发生战乱时，胤禔更是亲自随军出征，每次都有立下战功，为康熙分了不少忧，也得到了康熙的器重。但是随着其他皇子的羽翼逐渐丰满起来之后，胤禔的风采便随之被掩盖。四皇子的铁血手段、八皇子的长袖善舞、十三皇子和十四皇子在军事上的过人天赋，再加上还有一个背景不容小觑的皇太子，胤禔的优势就变得不足为奇了。

胤禔虽然不被康熙视为继承人，但并不妨碍他一心想夺嫡继大统，所以他努力地使自己在众皇子之中脱颖而出。在皇位之争中，二阿哥胤礽尤其是其他皇子的眼中钉、肉中刺，在胤禔眼中自然也不例外。皇子们超越了兄弟亲情这层关系，时刻注视着太子胤礽的一切动向，就等着捉他的小辫子。

从康熙二十九年开始，直至康熙四十七年，这近20年来皇帝和太子之间发生的一系列事件以及随之引起的关系变化，胤禔都看在眼里，记在心上，认为对他谋取皇储之位创造了有利的条件与时机。

眼看着康熙逐渐老去，而太子之位又总是波荡起伏，这使胤禔着急起来。由于他迷信巫术，便想以巫术咒死皇太子胤礽，以便取而代之。此等招数其实荒谬至极，但太子却也真的整日精神涣散，尽做出些匪夷所思的举动，最后阴错阳差地如胤禔所愿，在康熙塞外行围时被废。胤禔一时间少了一个强有力的竞争对手，而且康熙还亲自授权由他来监视胤礽，这令胤禔十分得意，甚至到了得意忘形的程度。胤禔以为,康熙已经恨胤礽入骨,但是为了社会舆论又不能杀他,所以自以为是地想要为父皇除掉废太子,还大言不惭地说,"为祖宗江山、为康熙,即使背上这个杀害兄弟的骂名也无怨无悔",无耻之心昭然若揭。

由此可以看出,胤禔还是不够了解康熙的性格,所谓虎毒不食子,何况是人呢?此举势必引起了康熙强烈的失望与反感。让胤禔的如意算盘彻底落空的是皇三子胤祉,胤祉将胤禔使用魔术害废皇太子之事告发,彻底让胤禔在皇位争夺中出局。

康熙对胤禔不顾亲情的所作所为极为气愤,称他为"乱臣贼子",下令彻底剥夺他的一切职位,并囚禁起来。胤禔就没有他二弟那般的幸运了,被关押之后还能阴错阳差地转危为机被放出来,他这一押就押了26年,直至雍正十二年十一月初一死去,终年63岁。

有人欢喜有人愁,大阿哥彻底出位,三阿哥胤祉算是出了不小的力。

胤祉出生于康熙十六年。与胤禔的母亲一样,胤祉的母亲地位也不高。在这点上,老大和老三似乎有着同样的命运。

康熙有那么多儿子,有一点是非常能令他欣慰的,就是各个都十分聪颖好学,或文或武都练就了一身的真本事。胤祉亦然,尤其在文学、书法上更是多次得到康熙的称赞。也许在胤祉心中,康熙似乎有意传位于自己,所以一直以来走的都是保守道路——与世无争、温文尔雅。但是,对于胤祉的优秀之处,康熙似乎也有自己的一番定论:学业优秀未必就能做皇帝,就像会读书未必能做官一样,其中的关键还是取决于个人的性格,毕竟要想很好地统治一个国家，仅仅凭借着琴棋书画是远远不够的。

　　胤祉就真的想靠着琴棋书画过一辈子了吗？事实并非如此。

　　太子落马之后，因为大阿哥胤禔向康熙进言说由他来将废太子胤礽处死，惹得病中的康熙暴跳如雷，胤祉觉得表现的机会已经来了，便及时地向康熙告发了胤禔使用巫术谋害太子胤礽的事情，一举结束了胤禔的政治生涯。而胤祉决定在这个时候出马，也是考虑到康熙病重，如果大阿哥胤禔和老二胤礽都被圈禁，他自己便成了家中长子，群龙无首的时候，长子的地位还是有那么一点优势的。

　　只是没有想到的是，如意算盘也有不如意的时候。在第二年，也就是康熙四十八年，出乎所有人的预料，康熙决定复立胤礽为太子，显然没有其他皇子什么事了，胤祉也没能如愿以偿。他自视文化素质高，满腹经纶、出口成章，但从后来的事态发展来看，康熙自始至终似乎都不看好他在政治上的前途。在康熙的眼里，胤祉虽然聪明，但似乎缺乏一种政治家的魄力，学术上做得好的人，却并不适合搞政治。

聪明反被聪明误的皇八子

康熙是中国历史上执政最久的皇帝,所以,皇子们的较量也是最持久的。

康熙帝第八子,雍正帝异母弟,人称"八贤王"的胤禩,在这场激烈的帝位争夺上可谓是一个主要角色,但归根结底也是一个悲剧人物。

胤禩的母亲出身卑微,没有资格亲自抚养皇子,所以胤禩是在大阿哥胤禔的母亲惠妃身边长大的,因此,他与惠妃感情甚亲。没有强硬的家族背景就意味着要比别人付出更多的努力。胤禩深知此道,所以从小便忍辱负重、加倍地学习文武知识,希望以此夺得康熙的注意力。

康熙本就是一个宽宏大量、心性随和的皇帝,自然也愿意看到自己的儿子能像自己一样待人为宽。所以,在容忍之量上,胤禩深得康熙喜爱。于是,在受到康熙封赏的皇子中,胤禩往往都是最小的一个皇子。虽然年纪甚小,但是和哥哥们同样得到了父皇的重视,对于从小就颇受冷遇的胤禩来说绝对是一个好机会。

胤禩是何等聪明之人，且甚晓世故，深知既然母亲这边没有什么能够依赖之人，就一切要靠自己了。他潜心研究康熙的脾气秉性，以父亲的行为准则为准则。加之本来就没有身为阿哥的骄纵之气，又故意与朝中大臣处好关系，可谓是有求必应，深得众意。不仅在众兄弟中与皇九子、皇十子、皇十四子交情非比寻常，与众多王公朝臣亦相交甚欢，朝廷之中一旦有什么风吹草动，这些王公大臣们往往会第一时间去八王府打探消息，可见他们对胤禩的逢迎之情、追随之意。就算是同为竞争对手的大皇子，在自知自己没有希望的前提下，都会把手中的一票投给这个八弟，可见，胤禩在为人处世上是何等高明。

康熙8岁登基，亲政以来经历无数坎坷，一步步走来，把所有的问题都解决掉之后，没想到临到老了，还要为自己的儿子们操心。更没想到儿子们之间的皇位之争比以往的战争都更为激烈，也更为撕心裂肺。康熙一天天老去，他的皇子们也蠢蠢欲动起来。

康熙以为废黜了皇太子之后，诸皇子之间的矛盾可以缓和，但是恰恰相反，诸皇子争夺储位的斗争反而愈加严重。在这个时候以皇八子为核心的八阿哥党积极钻研，精心谋划，想取得皇太子的地位。胤禩的精明之处在于借他人之口诉心中之事，从来不会直接地表达自己想如何做，他会引导对他亦步亦趋的追随者在康熙面前说尽自己的好话。确实如此，自己说十句也抵不住别人说一句的。所以，他更加极力拉拢朝中重臣，渐渐地就形成了"八爷党"。

身为皇帝，最忌讳的就是在自己的身边发生党派之争。眼看太子党被废除，可以安宁一时，没想到又出了个八阿哥党，甚至比太子党还要嚣张，招数更是花样百出。王公大臣们纷纷举荐不说，还安排算命之人从中妖言惑众、蛊惑人心,说八阿哥有帝王之相,在朝中引起轩然大波。胤禩虽然聪明,但是其实并没有彻底了解康熙的心意,康熙是老了,但是还没有傻。

康熙四十七年,太子胤礽被废的时候,胤禩被康熙授权全权处理、审讯有关涉嫌之人。之所以追究到底,是因为康熙一方面是想打击朋党之人,另一方面也是因为要找个倒霉蛋来为自己的二儿子背黑锅。儿子终究是儿子,做父母的始终不忍心自己的儿子丢掉性命。所以,康熙努力在给胤礽找一条退路留着。可见,事到如此康熙还是非常顾及自己的儿子的。所以,要狠整太子党羽,迁怒于他们没有能好好地辅助太子,使得太子有被废的下场。

可胤禩倒好,平时学康熙学得还不够透彻,仁义道德也只是表面而已。哥哥们相继落马,胤禩平时的仁慈荡然无存,心狠手辣的一面完全暴露了出来。看到当了几十年的太子终于下马了,而这次主审人还是自己,千载难逢的机会到手,下定决心要让这个昔日的前太子彻底没有翻身之地,办起案来手下是毫不留情。他虽有一颗七窍玲珑心,却真正低估了康熙对自己儿子的爱。太子是再也没有翻身之地了,可他自己多年的仁义形象也在康熙的心中彻底崩塌。

眼看康熙的身体愈见衰败,时间不等人,胤禩决定主动出击来进一步制造康熙最为看中的宽容、仁义的形象。他私下聘用了张明德这个相士,让他大肆吹捧胤禩,说胤禩"白气贯顶",乃明君之相,没想到康熙得知后大发雷霆。

聪明反被聪明误,胤禩的本意是想利用朝野舆论给康熙以压力,从而迫使其顺从众意,立自己为太子。殊不知此举已是形同对抗,大大地触动了康熙的龙须,招致康熙的强烈抵触。

这招不成又出下招，胤禩虽然与十四皇子胤祯交好，但是一旦涉及皇位就完全不念兄弟之情了。在康熙的寿辰之时，暗中掉包换掉了胤祯送给康熙的礼物，变礼物为一只死鹰，让康熙大为光火。从这就可以彻底看出胤禩平时的孝心、善心是何等虚伪。

康熙何等圣明，早已看透了胤禩的心思，对这位"仁义"的皇儿已经彻底失望。康熙临终前也曾对他的儿子们做了一个短短的总结，给胤禩的评价就是：处处学朕，又处处学不像。

康熙六十一年（1722年）十一月初三，康熙终于寿终正寝，病逝于畅春园。做了一辈子八贤王的胤禩到最后也没有如愿登上皇位，虽心有不甘，但还是败在了胤禛的手下。

十四变四，谁才是正统

康熙四十七年，当了33年皇太子的胤礽被康熙皇帝废掉了。消息一出，朝野轰动，文武哗然；而宫闱之内，更是暗流涌动，诸位皇子忽然意识到，看似安如泰山的东宫之位，原来并不是坚不可摧，自己也有染指的可能性。随后的14年间，各位皇子八仙过海各显神通，清宫内上演了一场被后世的历史学家称为"九子夺嫡"的大戏。

时间一晃，到了康熙六十一年年底。当康熙爷在畅春园驾崩的消息传出时，大多数人们惊愕地发现，最终登上大清王朝第五任皇帝宝座的，居然是之前一直相当低调的皇四子胤禛——也就是为后世所熟知的雍正皇帝。

事实上，由于这一历史事实即使在当时也无人见证，因此无论是居庙堂之高的皇亲国戚、王公大臣，还是处江湖之远的平头百姓、荒野村夫，对事情的真相都无从得知；再加上牵涉到政治利益的得失，最终生发出形形色色关于雍正篡位的说法来。在这些传说中，雍正是踩着他的亲弟弟——皇十四子胤禵的肩头，通过篡改诏书的手段达到其目的的。

康熙五十七年十二月的一天,皇城附近军乐震耳,锣鼓喧天,紫禁城内呈现出一片庄严肃穆。一支威风凛凛、全副武装的大清精兵肃立在太和殿前,队伍前有人高举着正黄旗纛,上写"抚远大将军王"六个斗大的字,随后是一众旗帜,清道旗、飞虎旗、飞龙旗、飞凤旗;再后面是全副执事,金瓜、金斧、金天镫、金兵拳。在队伍的正中间,是一员罩袍束带、顶盔贯甲、手提马鞭、腰悬宝剑的大将,在马上端坐,昂然而行,好不威风!在他的后面,是随他出征的王公大臣,均全副戎装,不苟言笑,鱼贯而行。而朝中各亲王郡王、贝勒贝子、国公乃至二品以上大臣,均盛装朝服,站立队伍两侧,敛手肃立。

这位大将军是谁?正是康熙皇帝敕封的抚远大将军,皇十四子胤禵。这一年,他只有30岁。

说起来,胤禵和皇四子胤禛都是德妃乌雅氏所出,乃是一母同胞的嫡亲兄弟。不过,由于胤禛从小被佟贵妃收养,而兄弟两人年纪也相差十岁,更兼胤禛自小禀性淡薄,因此兄弟两人反而不甚相得。胤禵倒是同八哥胤禩关系不错。在康熙末年的夺嫡斗争中,八阿哥一度是入主东宫的热门人选,围绕着他自然就形成了一个包括皇亲国戚和朝中大臣在内的"八爷党",而胤禵,自然也是这个党羽中的一员。

和胞兄胤禛相反,胤禵自小脾气火暴,是个直性子人,颇讲义气。康熙四十七年,胤禩由于谋夺太子之位被康熙厉声斥责,20岁的热血青年胤禵挺身而出,抗命为之辩解。康熙勃然大怒,险些挥剑要斩了这个儿子。而自此之后,父子关系一直平平,似乎康熙并没有想要重用这个儿子。

不过朝堂之上的事情瞬息万变，自从八阿哥失势之后，"八爷党"迅速将重心转向了胤禵，试图通过他东山再起，谋取康熙的欢心，进而重登大宝。在八阿哥的造势下，朝野舆论逐渐转向了胤禵，胤禵也顺应时势，收起火暴的脾气，摆出礼贤下士、敬老尊贤的姿态。于是当时的清议对胤禵有颇多好感之词。这些言语或多或少会传到康熙的耳朵里。于是，胤禵的机会来了。

康熙末年，策妄阿拉布坦在西北地区屡屡兴兵作乱，清廷久战不克。康熙决定派遣皇子统兵出征，打算一举克敌。在康熙的子嗣中，习武出色、能担当此一大任者有二人，十三阿哥胤祥与十四阿哥胤禵。无奈当时胤祥早已被康熙高墙圈禁起来，于是这项任务就顺理成章地落在了胤禵身上。

从史料中对此时的记载中，可以看出康熙对此事极其重视，因而给予了胤禵超乎规格的待遇。胤禵在太和殿亲自接受敕封和大将军印，策马扬鞭西征。这就是前文提到的威武雄壮的一幕。

经过4个多月的行军，胤禵率军到达西宁。在当地服从清廷号令的蒙古各部的配合之下，胤禵分兵两路，分别由青海和川滇两路进入西藏。战事进行得非常顺利。到这一年的八月，策妄阿拉布坦的叛乱告一段落，胤禵的威名也传及西北各地。

应该说，康熙能够让胤禵率兵打这一场震动全国的战役，也说明了此时胤禵在他心目中的地位甚高。胤禵甫一抵达西宁，康熙便降旨给青海蒙古部首领，夸奖胤禵"确系良将……有带兵才能"，并叮嘱蒙古各部要听从胤禵的调遣。为了庆祝这场战役的胜利，康熙甚至起草御制碑文，勒石纪念。凡此种种，都说明康熙对胤禵的信任和欣赏。

其实胤禵也意识到了，历史在他面前展现了一个千载难逢的机会。他知道这次出征立功，是自己获得康熙青睐，争取荣登大宝的最佳方法。

康熙六十年十一月，胤禵返回北京，向康熙帝面禀军情。他在北京待了将近半年的时间，于第二年的三月又返回军前。他恐怕没有想到，这是他最后一次见到他的父皇。仅仅半年以后，康熙就驾崩了，而他远离北京，只能眼睁睁看着雍正登上皇位。

清代的野史对所谓的雍正改诏一事，有多种说法：有一种说法是康熙帝遗诏原文为"朕十四皇子，即继承大统"。而胤禛预先知道了遗诏的内容和存放地址，便暗中进入畅春园，将"十"字改为"第"字，并且进而弑父，从而登上皇位。为了避免此类事情再行发生，雍正即位后下令，"以后凡宫中文牍，遇数目字，饬必大写，亦其挈矩之一端也"。

另一种说法则提到了隆科多与雍正勾结的内情：据说康熙的遗诏原文为"传位十四子"，并将这一遗诏交由隆科多保管，隆科多将"十"字改为"于"字，并隐匿了康熙病重时召胤禵来京的圣旨，于是雍正顺利即位。

还有一种说法提到，由于胤禵的名字繁体为"禎"，与胤禛的"禛"发音相同，字形也极其类似，因此雍正则在宗人府保存的玉牒上动了手脚，很轻易地把胤禵的名字改成了自己的名字，于是取而代之做了皇上。

其实，这三种说法稍稍细加推敲，便可知都有问题，并不足以作为雍正改诏的铁证。

第一种说法的来源是清末反清志士的反清著作，其来源就甚为可疑，而且要将"十"字改为"第"字，又要不使人看出涂改的痕迹，很难想到世上有人能做到这一点，故而不予讨论。

第二种说法是流传最广的一种，但其内情也非常可疑。理由有三：首先，按照当时官方的正式称呼，应称为"皇某子某某"；所以，"传位于四子"的正式写法应该是"传位于皇四子"——想要在诏书中加一个字，这恐怕是不可能的；其次，"于"的繁体字写法为"於"，在如此重要的文件中，没有道理使用日常的通俗文字，因此，改"十"为"於"就近乎不可能完成的任务了；第三，就算真的有人真的手眼通天可以将汉字改过，但清代统治者是满族，按例诏书要同时以满汉两种文字书写，满文的字符和文法与汉语不同，因此这改正起来便绝非可能之事了。

第三种说法似乎有一定的道理，但其实也有破绽。玉牒上胤禛的名字确实有涂改的痕迹，但这恐怕并不是雍正暗地为之。其实在雍正即位后便发下谕旨，要求其他皇子将名字中的"胤"改为"允"，而胤禵也被改名为"允禵"。这是因为在传统社会，有所谓避讳的讲究，即皇帝的姓名所用的字，不可以被他人使用，甚至是相近的字音字形也不可以。因此胤禵的改名确有其事，但却无法作为改诏的确实证据。

当然，还有一种说法，就是康熙遗诏干脆就是雍正自己编造的，全文从头到尾根本就没一句真话。那道现在放在故宫博物院的《康熙遗诏》中有一句话"皇四子胤禛，人品贵重，深肖朕躬，必能克承大统，著继朕登基，即皇帝位"，就是雍正事后加在遗诏上的。这一点，现在确实还无法加以证实或者证伪，只能留待历史学家的继续研究了。

总之,雍正皇帝即位了,但这个消息对远在西宁的胤祯来说,不啻是劈开八块顶门骨,浇下一盆雪水来。

雍正也深知手握重兵的允禵(雍正即位后,为避讳,胤祯改名允禵,)对他仍然构成威胁,因此刚刚即位,就立即下旨一道:"西路军务,大将军职任重大,但于皇考大事若不来京,恐于心不安,速行文大将军王驰驿来京。"

虽说将在外君命有所不受,但被父亲猝死的噩耗打击的允禵,稀里糊涂地被召回北京。然而一转眼,允禵立刻被削除了兵权,被勒令留在康熙的墓地守灵。

雍正元年五月,雍正下旨一道,把允禵好一通骂,接着轻描淡写地将他"进为郡王"。雍正三年,又降其为贝子。到了雍正四年,允禵被禁锢在康熙陵寝,一并被监禁的还有他的儿子。从此允禵在那里度过了10年的孤独岁月。直到乾隆即位,快50岁的允禵才被释放。20年之后,他离开了人世,死后被谥为恂勤郡王。

关于雍正登基之谜,还有一种说法。传说之中,康熙帝看上的不是自己的四皇子,而是四皇子的四阿哥——爱新觉罗·弘历。

据说康熙在为立嗣问题大伤脑筋之时,武英殿修书总裁方苞曾给康熙出了个主意:看皇孙,有一个好皇孙,可保大清三代盛世。康熙便想起了弘历。而雍正,也便"父因子贵",顺理成章地登上了皇位。

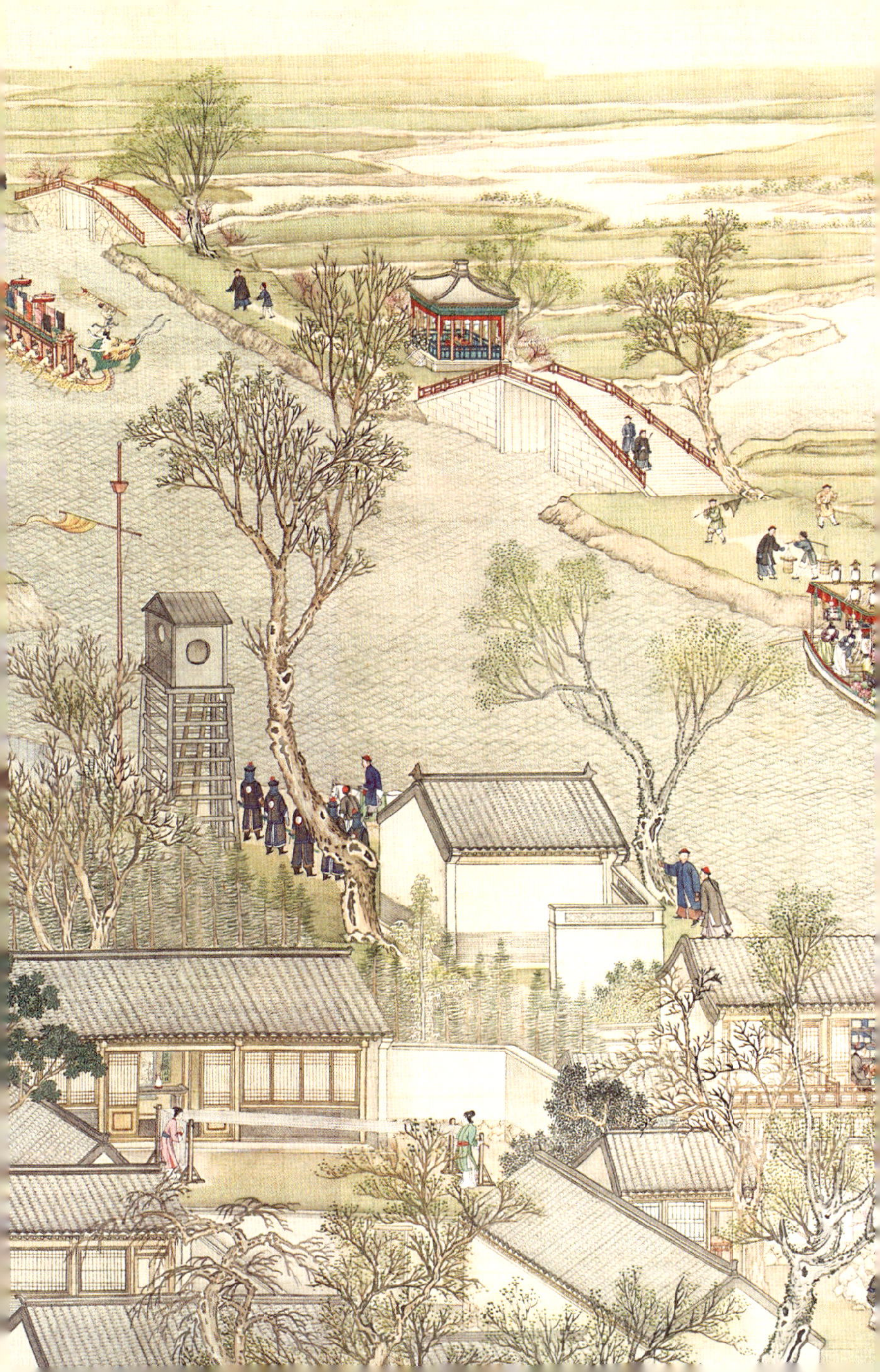

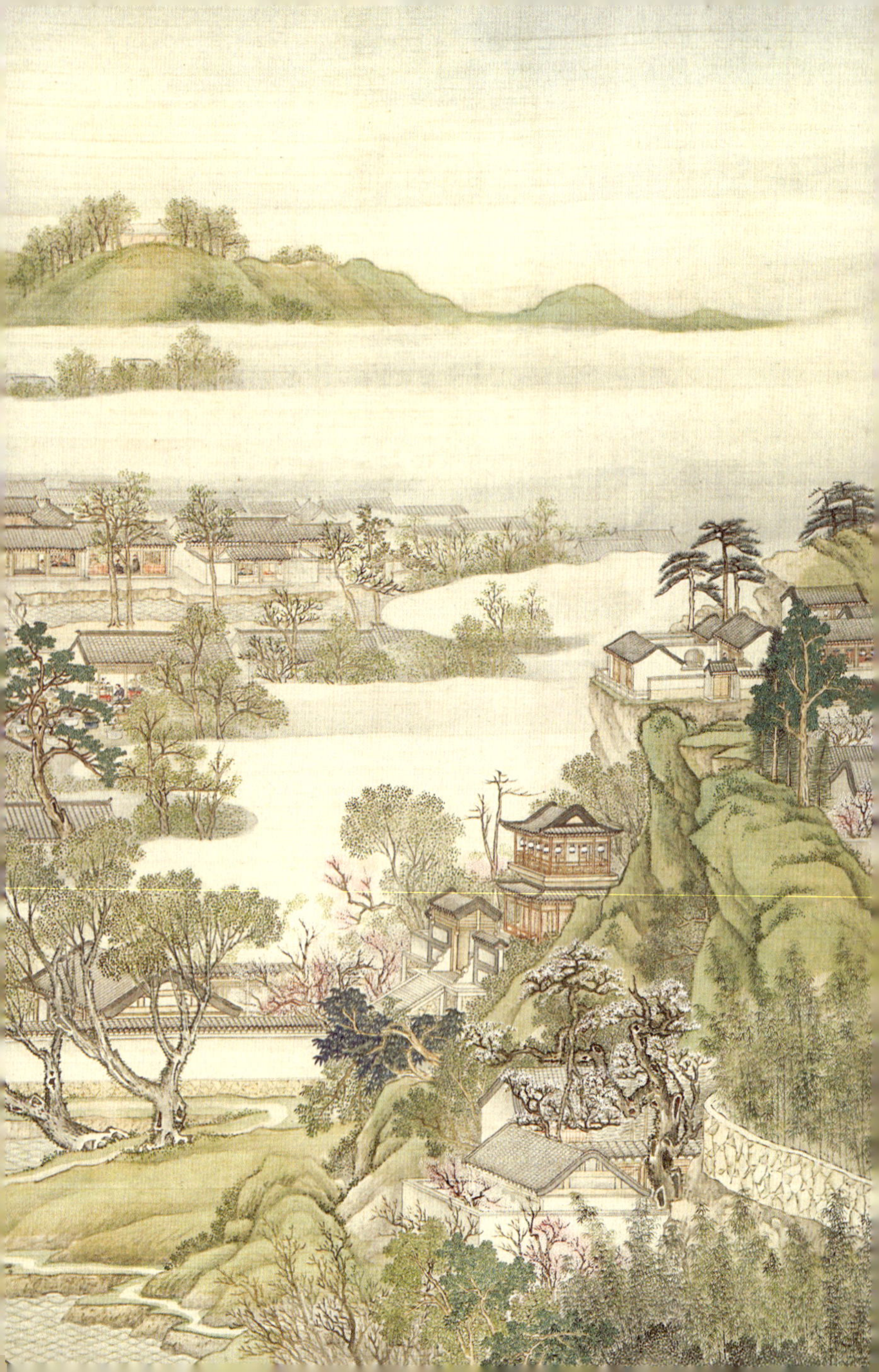

第五章
雍正：承上启下的过渡者

九王夺嫡，雍亲王胤禛棋高一步，继位大宝，随之而来的，是后世的褒贬不一，争论纷纭。他刻薄：逼死生母，打击兄弟，屠戮功臣……在血泊中建立起自己的政权；他神秘：弑杀父皇，篡位登基，诡异离世……他在谜团里创造出自己的时代。

父皇驾崩永远有说头

康熙六十一年十一月十三日晚，69岁的康熙皇帝在畅春园龙驭宾天。

> 十一月戊子，上不豫，还驻畅春园。甲午，上大渐，日加戌，上崩，年六十九，即夕移入大内发丧。
>
> ——《清圣祖实录》

然而，这几句看似平淡的话背后，却隐藏着一桩波谲云诡的历史疑案。自康熙四十七年起，皇太子初次被废，继而九子夺嫡，宫廷之中暗流涌动。最终，号称"天下第一闲人"的四阿哥雍亲王胤禛脱颖而出，几乎是出乎所有人意料地登上大宝。自此之后，关于雍正帝皇位来路不正的说法层出不穷，而围绕着这一中心论点，又生发出无数雍正为达成目的不择手段的议论。甚至连康熙之死也因此未能盖棺论定，反而引出了关于雍正是否弑父夺位的争论。

这种争论的产生要从康熙的病情说起。

康熙大帝一生奔波劳碌，从8岁懵懵懂懂被推上皇位开始，诛鳌拜，平三藩，收台湾于南海，退沙俄于东北，一生文韬武略。到了五十而知天命的年纪，康熙帝本以为四海初平，霸业初定，于是六下江南，享享清福。谁料祸起于萧墙之内，不争气的太子胤礽废而复立，立而复废，从此储位虚悬，引发九子夺嫡，宫廷之内刀光剑影，血雨腥风。儒家有修齐治平之说，可叹康熙大帝，空有治国平天下的雄才大略，却短于齐家，不得已与诸皇子斗智斗勇，难免心情郁闷，元气大丧，疾病缠身。

这一点在《清圣祖实录》有明确的记载。康熙四十七年冬天之后，他的健康状况就每况愈下了。具体症状有心悸、眩晕、腿脚水肿，"手颤头摇"，另外似乎还有中风偏瘫的迹象：右手也不听使唤了。

康熙变成这个样子，完全可以理解，他深深地担心自己那些为了皇位争得头破血流、杀红了眼睛的儿子，更担心他们会把方兴未艾的大清王朝搞得一塌糊涂。他曾经不无悲哀地说："日后朕躬考终，必至将朕置乾清宫内，尔等束甲相争耳！"

此后的十几年中，康熙一直忍受着各种慢性疾病的折磨，拖着病体夙兴夜寐地处理政务军务。到康熙六十一年冬，康熙帝在南苑行猎时，出现了大风降温天气。俗话说得好，来时风火去时病。年届古稀的康熙帝受寒病倒，出现了疑似肺炎的症状。病情来势凶猛，康熙帝迅即返回畅春园静养，经过两天的调理，病情似乎有所好转。然而就在一天之后，即康熙六十一年十一月十三日，康熙帝猝然离世。

那么在康熙皇帝生命最后几天这个紧要的关头，未来的雍正皇帝，当时的雍亲王四阿哥胤禛在做什么？

根据史料记载，在这期间，康熙皇帝命他做了一件似乎意义极为重大的事情：赴天坛代行祀天大典。

古人云："国之大事，惟祀与戎。"从代行祀天大典一事中，似乎可一窥康熙皇帝对这个四儿子是颇为信任的；然而，当时仍然有另一位负责"戎"的大将军皇十四阿哥胤禵在西宁出兵走马与罗卜藏丹增斗得不亦乐乎。因此似乎也不能简单断定康熙皇帝圣心已然默定。

值得注意的是，康熙皇帝在驾崩的当天，在病榻上曾经三次召见雍亲王入宫问安。据《清圣祖实录》记载："皇四子胤禛闻召驰至。已刻，趋进寝宫。上告以病势日臻之故。是日，皇四子胤禛三次进见问安。"

从这段记载看来，这一天康熙帝的病情似乎趋于稳定，健康状况一度好转，而雍亲王也颇为尽孝，看上去似乎其乐融融，父慈子孝，一副风平浪静的模样。

但是傍晚时分，大变陡生。皇宫内苑传来凄厉的呼号之声，人们来来往往都神色惊惶，似有不安之状。士兵们严加戒备，举止慌乱，如临大敌。

其实从现代医学的角度来看，康熙皇帝的直接死因，应该是长期的心脑血管疾病在肺炎的刺激下突然发作。对于一个风烛残年的老人来说，此类并发症无疑是致命的。但是，受到当时的医疗水平所限，康熙皇帝的猝死，显得极其神秘，人们难免会议论纷纷，再加上畅春园周边不寻常的景象，雍正用不正当手段弑父夺权的传闻自然不胫而走。

在雍正七年的曾静谋反案中，曾静曾经招供说，他听说"圣祖皇帝畅春园病重，皇上进一碗人参汤，圣祖就驾崩了"。

当时，民间对这一事件众说纷纭，曾静的说法仅是其中的一种而已，另外有一种流行的说法则是这样的：

> 胤禛……遂以一人入畅春园侍疾，而尽屏诸昆季，不许入内。时玄烨已昏迷矣。有顷，忽清醒，见胤禛一人在侧，询之。知被卖，乃大怒，投枕击之，不中，胤禛即跪而谢罪。未几，遂宣言玄烨死矣。胤禛袭位，改元雍正。以后凡宫中文牍，遇数目字，饬必大写，亦其挈矩之一端也。

这种说法见于晚清时革命党人的著作中，彼时反清兴汉之思潮甚浓，因此这故事只能是聊备一格，不能过于当真。而有趣的是，在这个故事的有些版本中，康熙砸向雍亲王的并不是枕头，而是手上的玉佛珠；而雍亲王则将计就计，将玉佛珠说成是康熙传位于自己的证明。

总之，雍正弑父的说法越传越烈。尽管雍正对这一指控矢口否认，但他即位以后的种种行为却让人疑窦丛生，简直是在用实际行动向世人证明他弑父的合理性。

雍正在即位后曾经多次在不同场合提到先帝爷对自己的慈爱之情和培育之恩，甚至不无自豪地声称自己是康熙最看好的儿子，在他的描述中，他和康熙之间父慈子孝，关系至为亲密。然而，在实际行动中他却似乎处心积虑地要处处避开康熙曾经工作生活过的地方。无论是远离康熙所住的畅春园而另起圆明园，还是驾崩后葬于清西陵，都是如此。笃信佛教的雍正是一个相信怪力乱神的人，因此，他的这些举动似乎可以有一种解释，就是他自感对不起康熙皇帝。

另外，雍正在即位之后对亲信和亲戚的处理，难免让人有兔死狗烹之感。年羹尧和隆科多都是其股肱之臣，在野史和民间传说中，亦是帮助雍正在皇位争夺中胜出的重要人物，然而均被雍正罢职削官，甚至处死；而雍正的骨肉凉薄也是出了名的。康熙驾崩后留下的十几个成年皇子在雍正治下动辄得罪，特别是曾经参与皇位争夺的几位阿哥更是不得好死，这甚至涉及了雍正的亲弟弟和子息。更有甚者，民间甚至流传着雍正其母被其逼得撞柱而死的传闻。

总之，康熙就这么驾崩了，雍正在重重迷雾中走来，登上了大清帝国的皇位。

生母使绊子，难倒雍正帝

雍正元年五月二十三日，雍正皇帝的生母、康熙皇帝的德妃乌雅氏薨，死后被追封为孝恭仁皇后。彼时距康熙皇帝驾崩仅仅半年，而官方正史对德妃的去世却语焉不详。根据有关记录，德妃于五月二十二日发病，次日即告不治。这近似于猝死的情况未免使人心生疑窦。长期以来，民间就流传着德妃是被雍正皇帝所逼，撞柱而死的传闻。《大义觉迷录》中便记载了两种说法：一种是说"皇上将允禵调回囚禁，太后要见允禵，皇上大怒。太后见允禵而不可得，于铁柱上撞死"。另一种则称"皇上令九贝子（允禟）往西宁去见活佛。太后说：'何苦如此用心！'皇上不理，跑出来。太后怒甚，就撞死了。九贝子之母亲，亦即自缢而亡"。以上两种说法虽然不足为信，但是，雍正与生母的关系比较微妙却有史可证。

《清史稿》记载，"孝恭仁皇后乌雅氏，护军参领威武女。后事圣祖"。清代官方记载，乌雅氏为正黄旗人。雍正在下诏封赏外戚爵位时，称德妃乌雅氏的曾祖额布根乃是"本朝旧族，创业名家"，早在努尔哈赤时就被"抚育禁庭，视同子侄"，俨然一副皇室元勋的模样。

其实情况并非如此。根据《八旗通志》的记载，额布根的长子——也就是德妃乌雅氏的祖父额参曾任膳房总管，这一职务其实仅是包衣奴才的首领；此外，《八旗通志》又载乌雅氏之弟博起曾管理镶蓝旗包衣佐领，似可证明乌雅氏一族出身亦非正黄旗，而是镶蓝旗。因此，德妃的祖上乃是镶蓝旗的包衣奴才出身。

雍正隐瞒这一事实有其政治意义。前面已经说过，八阿哥胤禩生母良妃卫氏是辛者库出身，这一事实屡屡被康熙以及其政敌用来作为贬低胤禩的手段。那么作为皇位之争的胜利者，雍正必然要回避这一事实，抬高外戚家的地位，进而凸显自己与其他皇子的不同之处。当然，也许雍正还考虑到了这样做对于讨好德妃乌雅氏亦不无益处。

其实，在康熙一朝，德妃却并没有因为其相对低微的身份而不见宠于康熙，反而一再受封，并为康熙生育三子三女。

最初，乌雅氏仅是一名普通的宫女。被康熙帝临幸后，于康熙十七年生下了皇四子胤禛。因此次年受封为德嫔。再过一年，又生下了皇六子胤祚。因此又于次年被封为德妃。

胤祚——这个名字并不简单："祚"有皇位之意，康熙将这个字赐予皇六子，简直是在向世人宣告这个孩子不同一般的身份，足见康熙对这个孩子的喜爱和重视。所谓爱屋及乌，德妃自然也深受宠幸，仅仅三年，由宫女升为妃。可惜的是，胤祚在6岁时夭折了。

不过，这并没有让德妃的地位有所动摇。相反，此后德妃又为康熙生育了一子三女，其中成人的有一子一女。皇九女被封为和硕温宪公主，另外一子，就是赫赫有名的皇十四子胤禵。

据说，德妃乌雅氏外貌端庄，雍容华贵，而天性又淡泊名利，为人做事相当低调。在钩心斗角的后宫中，这一点应该颇能博得康熙的赞赏，而且还能保护自己及子女免遭伤害。

不过胤禛与德妃的关系却谈不上亲密。因为胤禛是德妃的第一个孩子，在其出生之时，乌雅氏仅仅是一名普通的宫女，没有亲自抚养皇子的权力。因此，康熙将胤禛交由皇贵妃佟佳氏抚养。佟佳氏一生仅仅生育过一女，还夭折了，因此将满腔的心血都寄托在了胤禛的身上。虽然在胤禛十一岁时佟佳氏病逝，但胤禛对佟佳氏的养育之恩是极其感念的。直到他登基成为雍正皇帝之后，仍然在谕旨中极力颂扬佟佳氏，并且给予佟佳氏的弟弟——也就是自己的舅舅隆科多以高官厚禄。抛开隆科多在雍正夺取皇位中可能起到了重要作用这一点不论，雍正对佟佳氏一门的深厚感情还是显而易见的。

胤禛与佟佳氏的关系如此深厚，与德妃的关系却并不怎么好。由于胤禛自小不在德妃身边长大，而且德妃随后又生育了二子三女，几乎没有时间和精力来关照胤禛这个早已被寄养出去的孩子。康熙十七年，德妃生下了胤禛。即使在寻常百姓人家，小儿子也总是受到父母更多的宠溺，更何况皇家？加之被寄予厚望的皇六子胤祚又已经夭亡。因此不难想象，德妃对胤禵这个小儿子显然要比对胤禛亲近得多。对于母亲的厚此薄彼，雍正自然看得出来。

在康熙末年的夺嫡风波中，胤禛和胤禵居然站到了对立面，胤禵在明处，胤禛则在暗处。德妃乌雅氏对此的态度无处可寻，但是如果说她希望胤禵即位大约也无可厚非。

随着康熙的驾崩，帝位之争尘埃落定。最终胜出的居然是此前默默无闻的胤禛，而不是刚刚在西北前线立下赫赫战功的胤禵。对于乌雅氏来讲，这可能并不好受。尽管无论哪个儿子即位，自己都跑不掉一个皇太后，但这大概并不能减轻心中的失望。特别是康熙死得有些蹊跷，宫闱之中流言顿生，关于胤禛是如何夺取皇位的说法满天飞。这种情况下，乌雅氏心疼胤禵，对胤禛采取了不合作乃至抵制的态度也是可以理解的。于是，在康熙驾崩之后，胤禛和乌雅氏之间，发生了一系列的冲突。

首先，乌雅氏对康熙之死表现得极其痛苦，整日泪流满面，水米不进，宣称要以身殉葬大行皇帝，这等于是给了新即位的雍正皇帝一个下马威。假如乌雅氏只是普通妃子，和雍正全无关系倒还罢了，作为亲生儿子的雍正，如果让生母就这么死了，无疑是将自己陷入不孝的境地，从而给了政敌一个攻讦自己的口实。于是，雍正只好苦苦再三相劝，甚至表示如果德妃死了，自己也不打算活了。在这种情形之下，乌雅氏只好作罢，勉强同意了雍正的请求。

可是，乌雅氏立刻又给雍正出了一个难题。在雍正登基典礼之时，按照惯例，皇帝要给皇太后行礼。于是礼部提前一天谒见皇太后，向其通知第二天的礼节。谁知道乌雅氏居然表示这事儿无关紧要，拒绝出席典礼。这简直是以皇太后的身份公开质疑雍正的皇位了！对于自己的生母，雍正又骂不得又打不得，只好几次三番地让几位重臣前去劝说，最后干脆亲自出马。最终，乌雅氏还是勉强答应了。这才算把这个难题解决。

紧接着乌雅氏又坚决拒绝了翰林院为皇太后拟定的尊号，并且也不肯从自己居住的永和宫搬到皇太后居住的宁寿宫中。这一次，乌雅氏表现得十分强硬，无论是王公大臣上奏，还是雍正亲自请求，乌雅氏都不予理睬，一概以大行皇帝新丧，无暇他顾为由推脱。

此外，乌雅氏甚至对雍正的帝位提出了质疑。她公然表示自己做梦都没想过雍正能当上皇帝。这无疑是对雍正取得皇位的合法性提出了疑问。

面对着生母种种不合情理的表现，雍正一定是满腹牢骚，但却不能对她发泄。雍正显然明白，如果对待皇太后稍有失礼之处，立即会被满怀怨愤的诸皇子抓住把柄，因此他只能逆来顺受。他把这腔邪火都发泄在了胤禵身上，这恐怕是乌雅氏没想到的。也许乌雅氏这么做，是想给胤禵出口气，但没想到她的妇人之仁，反而让胤禵更加被动。

胤禵很快被削除了兵权，并被软禁在遵化看守康熙的陵寝。这无疑对乌雅氏又是一个新的打击。丈夫新丧，幼子又遭如此对待。乌雅氏终于承受不了这样的现实，一病不起。

根据史料记载，雍正元年五月二十二日乌雅氏发病，次日丑时崩，终年64岁。在乌雅氏患病期间，雍正帝亲至永和宫，衣不解带，昼夜侍奉，还曾宣召已改名为允禵的十四阿哥进京探望。

乌雅氏死后，她接受了生前没有接受的一切。雍正将她的梓宫先移至宁寿宫，三日之后才移至寿皇殿。之后，乾隆、嘉庆又多次给她加上尊号，称为：孝恭宣惠温肃定裕慈纯钦穆赞天承圣仁皇后。

作诗要小心，说话要留神

浙江海宁袁花的查氏家族是赫赫有名的名门望族。查氏原籍婺源，元代迁居浙江海宁。明清两代，查姓科举极盛，几乎每代都有大量子弟金榜题名，名儒显宦层出不穷，可谓是书香门第、世代簪缨。难怪康熙皇帝曾经称其为"唐宋以来巨族，江南有数人家"。

然而就是这样一个巨族，在雍正初年却因为一桩文字狱几乎家破人亡。当事人被戮尸枭首，妻离子散，亲族子弟被大量株连，甚至波及整个浙江士林。这就是著名的"查嗣庭科场试题案"。

案件的当事人并非布衣腐儒，而是当朝大员——内阁学士兼礼部左侍郎查嗣庭，案发时任江西正主考官；而获罪原因也不是诗文之类，而是科举考试的题目。凡此两种，已经说明了这一案件的不同寻常之处。

查嗣庭是浙江海宁查氏家族的第十二世子弟，他这一支兄弟三人，老大查嗣琏，官居内廷供奉总裁、武英殿书局总裁；老二查嗣瑮，官居翰林院侍讲，外放过一任广东正主考；查嗣庭是老三，曾经做过湖广副主考、山西正主考，后来升任内阁学士兼礼部左侍郎，加经筵讲官。说起来这三兄弟真的是非常了不得。首先他们都是进士出身，都曾任翰林院编修之职；其次，都是书法大家，又有诗名，因此颇为士人推崇。

可能是更受宠爱的缘故，一般家庭中最小的孩子都比较特别一些。查嗣庭的两个哥哥年纪相近，只差两岁，而他则足足比二哥小了10岁。因此和两个禀性低调、忠厚老实的哥哥比起来，他要表现得更加张扬一些。

凡是名士，不可避免的都有些只知有己不知有人的骄傲劲儿，这一点在查嗣庭身上表现得甚为明显。他总是喜欢在字里行间对现实冷嘲热讽，发表自己的意见和建议。他在日记里记载了颇多康雍二朝的时事，笔调语含酸辣，颇多讥刺之词。清史大家孟森曾经提到这样一件事情：雍正曾经挥毫录程颢诗一首赐给某臣子，而查嗣庭居然为此赋诗一首记在其日记上，诗云："天子挥毫不值钱，紫纶新诏赐绫笺。《千家诗》句从头写，云淡风轻近午天。"把天子的墨宝称为"不值钱"，恐怕也只有为人生性疏狂、言语尖刻的查嗣庭说得出这种话。

此外，查嗣庭还和朝中的王公大臣过从甚密。他的仕宦之路一直都得到满汉显贵的提携和拔擢。他最初任内阁学士兼礼部侍郎衔，得到了时任吏部尚书隆科多的荐举；而随后升任礼部左侍郎加经筵讲官，又是经左都御史蔡珽的保奏荐举。查嗣庭还与皇子有所联系。他曾做一诗，名为《代皇子寿某》："柳色花香正满枝，宫廷长日爱追随。韶华最是三春好，为近龙楼献寿时。"清史大家邓之诚认为，尽管不知道"皇子"与"某"具体所指何人，但是这一首诗足以看出查嗣庭与内廷的密切关系。这是颇为"八爷党"所苦，对大臣私下结党深恶痛绝的雍正绝对不能接受的。查嗣庭的升迁之路也决定了他的下场：一旦保举人获罪，他必然也在劫难逃。

雍正四年，朝中几位曾经与雍正作对的皇子已然死的死，囚的囚；隆科多则死在牢中；而蔡珽则刚刚被雍正皇帝先后免去左都御史、都统、吏部尚书的职务，专任兵部尚书，随即又被降为奉天府尹。查嗣庭的地位其实已经是岌岌可危了。

这一年秋天，查嗣庭出任江西乡试正主考，按照科举制度的规定，乡试分为三场，因此共有三道题目，所有命题均由正主考拟定，范围则为四书五经中的语句。据此，查嗣庭出了三道题目：首题选自《论语》，为"君子不以言举人，不以人废言"；次题两道，分别选自《易经》和《诗经》，为"正大而天地之情可见矣"和"百室盈止，妇子宁止"；第三道选自《孟子》，为"介然用之而成路，为间不用，则茅塞之矣"。这几道题目看起来并无不妥之处，而且考试时检查严格，也并无舞弊徇私。

乡试顺利结束之后，查嗣庭回到北京。当晚家人为他接风洗尘，少不得觥筹交错，查嗣庭便多喝了两杯。谁知道，正在查嗣庭准备就寝之际，查府门外响起了急促的脚步声和呼喝声，一队全副武装的兵卒砸开了查府大门。队伍一拥而入，当中簇拥着一名面无表情的天使官。天使官当庭而立，展开手中的圣旨高声朗读——原来雍正皇帝下旨，称有人告发查嗣庭平素有对朝廷不敬的言语，因此查抄查府，并将查嗣庭全家 13 口统统逮捕。

这里的"有人告发"在正史中并未留下记载，因此就给了时人充分想象的空间。野史中有不少关于查嗣庭究竟因何获罪的说法。有一种说法称，原来查嗣庭书法极好，但很少挥毫，因此供不应求。琉璃厂的奸商便重金贿赂查府的下人,让他们偷出查嗣庭日常所写的草稿等来卖,销路极好。有一次,一位满族显贵想求得查嗣庭的墨宝,便也如此这般一番。也是命中注定,这一次下人偷出来的,正是查嗣庭的日记。这位显贵大吃一惊,便向雍正举报了查嗣庭。

另一种说法更加离奇:查嗣庭曾经将其姐夫家中的一名乳母娶回家中作妾,后来这名乳母生了一个孩子。偏偏这孩子没有继承查家的优良血统,不学无术,且以喝酒赌博为乐,因此少不得问查嗣庭要钱。天长日久,查嗣庭心生厌烦,便拒绝了这个不肖子的要求。这孩子便决定报复查嗣庭,其实他什么都不懂,只是看到查嗣庭每天都写日记,便觉得这东西大约值钱,便偷偷拿走打算要挟查嗣庭。可是这本日记落到了一个八旗佐领的手中,这名佐领便向查嗣庭勒索一万两银子,查嗣庭并不知情,因此拒绝了他的勒索。恼羞成怒的佐领最终向雍正帝举报了查嗣庭。

查嗣庭被捕三天以后,雍正皇帝下旨,宣布了查嗣庭的罪状。在这道谕旨中,雍正对江西乡试的几道题目大加批判。原来,在此事之前被处理的浙江士人汪景祺曾著《历代年号论》一书,认为"正"字乃是由"一"和"止"字构成,含义不吉,因此历代年号凡带"正"字的都很糟糕。这毫无疑问让雍正极其不满。而倒霉的查嗣庭这次所出的次题中又是什么"正大而天地之情可见矣",又是什么"百室盈止,妇子宁止"。按照雍正的逻辑,这是绕着弯儿骂自己,查嗣庭和汪景祺是一丘之貉。再加上查嗣庭的日记中那些零敲碎打、边边角角的胡言乱语,于是查嗣庭的罪行就这么确定了。

雍正将查嗣庭"革职拿问，交三法司严审"。随即又命浙江地方官搜查其海宁老家，并将其所有家人一律逮捕，解送北京。从浙江地方官员查抄查府的记录得知，从查府查抄出了大量的书籍、诗文稿，以及信件等物，其中违禁物品并不多，只有一部分关于晚明和宋末史事的书籍。可是雍正查看之后，却称其中有关于科举作弊的违禁物品，于是更加坐实了查嗣庭的罪状。并且，雍正因此迁怒于浙江士子，在雍正四年下令停止其参加科举考试。这一禁令直到雍正七年才告解除。

查嗣庭颇有些不自由毋宁死的耿直劲儿。他眼见雍正这种穷追猛打的势头，自知绝无生还之理，索性自寻短见一了百了，也免得零零碎碎受苦，牵连家人。雍正五年三月，查嗣庭在监狱中偷偷服毒自尽了。谁知查嗣庭的死，反而让雍正更加火冒三丈。雍正认为，既然查嗣庭有罪在身，就应该老老实实交代罪过，等待朝廷发落。即使是死，也应该由朝廷明正典刑，而不是自杀身亡。

所以，查嗣庭的死给查氏族人带来了更大的灾难。首先查嗣庭死了也不得安生，被戮尸枭首；查嗣庭几个成年的儿子或瘐死狱中，或被判斩监候；未成年的子女被处流放，罚为奴婢；查家所有财产被罚没充公。消息传到海宁，查嗣庭的继室史氏和儿媳浦氏相约自杀。

查嗣庭的两个哥哥及其家人也未能幸免于难：二哥查嗣瑮亦被流放，以76岁的年纪被发配到关西，最终客死异乡；而大哥查嗣琏由于年事已高，在群臣的求情下总算被释放回乡，他的几个儿子也因其未被追究。尽管如此，他们仍然在监狱中度过了几个月受尽煎熬的生活。经此一案，查嗣琏改名为慎行，改字为悔余，没过多久就郁郁离世。

　　长期以来，民间盛传，查嗣庭之所以获罪，是由于查嗣庭所出的题目，正是《大学》中的"维民所止"一句。而雍正认为，"维"和"止"正好是"雍正"去头，因此查嗣庭乃是犯下了十恶不赦的谋反大罪。这乃是齐东野语，并非事实真相。但是，查嗣庭一案，乃是有清一代的统治者对江南儒林一贯提防和压制政策的表现之一。江南士林，经此一案，从此更加俯首帖耳，不敢对朝局妄加议论。

此地无银三百两

雍正六年（1728年）秋，西安城。一顶八抬绿呢大轿正晃晃悠悠地向总督衙门行进，轿上坐的非是旁人，正是大清王朝三等公爵、参赞军机大臣、陕甘总督岳钟琪。

岳钟琪的轿子眼看就要进入总督衙门了。这时候，斜刺里忽然窜出一个儒生打扮的中年汉子，手捧一封书信高声喊喝，说有重要书信要递交岳公爷钧鉴，并有机密要事言谈。一时间，护卫兵丁乱作一团，各拉刀剑，将这人团团围住。岳钟琪毕竟是指挥千军万马的大将，倒显得颇为镇定。他一摆手叫众兵丁散开，吩咐下人将书信拿来，只见信封上大书"南海无主游民夏靓张倬"几字。岳钟琪眉头一皱，命人将这献书之人暂且安置在签押房严密看管，随后携书信头也不回地快步走进了衙门。

信封上署名的这两位是谁呢？其实，这只是两个化名，真名应该是曾静和张熙。这曾静是郴州永兴人，是个累试不第的钝秀才。明清两代，这种人的出路无非是小吏、讼师、教书先生，曾静选择了最后一种，设馆授徒。张熙便是他的得意弟子之一。

吕留良，浙江崇德人，生于明崇祯二年，少年时代正好目睹了明亡清兴的历史进程，从此以明末遗少自居，曾经散尽家财谋求反清复明。但令人大惑不解的是，他还参加了顺治十七年的科举考试，并中了秀才，在时人看来，这也算是"变节"之举；不过后来多次考试始终未能中举，大概是受了刺激，决心隐逸不仕，在家设馆授徒，闭门著述，居然在学术界颇有名气，被尊称为"东海夫子"。到了晚年，浙江官员几次三番推举他参加博学鸿词科，他坚决不干，后来干脆当了和尚，于康熙二十二年逝世，享年55岁。

很早以前，曾静就对吕留良有了仰慕之心，曾经在雍正五年派张熙去浙江拜访吕家，访求遗著，从吕子处得到了吕留良的手稿。曾静反复阅读这些书稿，"始而怪，既而疑，继而信"，发现和自己的想法完全吻合，不禁对吕留良崇拜万分，简直把他当作圣人一般的存在。天长日久，曾静难免有"纸上得来终觉浅，绝知此事要躬行"的冲动，和弟子一商量，就决定造反。

"秀才造反，三年不成。"手里没兵，如何是好呢？师徒几人便想到了"忠烈之后"岳钟琪。曾静便修书一封，信里列举雍正种种"恶行"：谋父、逼母、弑兄、屠弟、贪利、好杀、酗酒、淫色、怀疑诛忠、好谀任佞，更兼阴谋篡位。而岳钟琪是忠烈之后，理应精忠报国，继承先人遗志云云。这信写好之后，张熙自告奋勇，变卖家产，和堂叔张勘两人千里迢迢奔赴西安，打算以三寸不烂之舌，对岳钟琪晓之以理、动之以情、劝之以民族大义。走到半道，张勘越想越不对劲儿，见空溜之大吉；只剩张熙一个人来到西安，于是就有了前文衙门投书的一幕。

可以想象，岳钟琪看完这封信后的心情是多么复杂。本来自己这个陕甘总督就是如履薄冰，生怕皇帝哪天一个不高兴把自己搞掉，哪里能容得下再有这种大逆不道的帽子扣在自己脑袋上。这事儿稍微要有个含含糊糊，脑袋准得搬家，全家都不得幸免。于是，岳钟琪当机立断，一方面飞马密奏雍正此案，一方面严刑拷打张熙，希望能顺藤摸瓜，将逆党一网打尽。

"秀才遇上兵，有理说不清。"张熙算是倒了大霉。然而此人骨头很硬，任凭严刑拷打，居然一语不发，这让岳钟琪很是头疼。岳钟琪很明白，如果此事不能尽快解决，一旦传扬开来，言官的折子一上，自己就很被动了，然而一时之间，却又无计可施。正在这个时候，他派去京城的使者回来了，还带来了雍正的上谕。岳钟琪接了上谕，眉头一皱，计上心头。

就在张熙被严刑拷打得死去活来后的几天，一个月黑风高的夜里，张熙半闭着眼躺在牢房里，遍体鳞伤，动一下就火辣辣地疼痛。可张熙紧闭着嘴，一声不吭。

忽然漆黑的牢房里有灯火晃动，越来越近，最后直接照在脸上，似乎有人正站在自己旁边。张熙微微转了转头，睁开眼睛，赫然发现正是岳钟琪孤身一人前来探监！张熙正欲闭上眼睛来个不理不睬，耳边却听得岳钟琪涕泗横流、压抑不住的悲声，絮絮叨叨地向张熙吐露了心中的秘密。

原来岳钟琪身为忠良之后，一身正气，眼看着清军入主中原，残暴不仁，早有反意。无奈雍正皇帝猜忌成性，对其严加监视。岳钟琪不敢轻举妄动，对来历不明的张熙不敢轻易相信，唯恐是雍正帝的特务，故而先严刑拷打，一则掩人耳目，一则试其真假。眼见张熙坚贞不屈，定是可以信任的忠良。岳钟琪愿与张熙结为异姓兄

143

弟，一同起事，反清复明。

张熙闻言大喜，心想奔波劳苦也罢，受刑逼供也罢，总算行了圣人之大道，不辜负老师的一片厚望，于是便与岳钟琪焚香跪拜，结为金兰之好。紧接着，张熙是知无不言，言无不尽，把曾静、吕留良，乃至其弟子门生、故交好友一股脑儿交代了个干净，还说这些都是大大的忠臣，起事之时，必当一呼而百应。

迂腐的曾静教出来的张熙空有一身浩然之气，完全没有看出来岳钟琪的诡计。原来岳钟琪和师爷一合计，决定将计就计，就演了这么一出戏，轻轻松松就骗到了张熙所有的口供。谨慎的岳钟琪为了防止朝中大员说三道四，还特意请了陕西巡抚西琳暗中监视自己。

如获至宝的岳钟琪立刻向雍正禀报了案情的进展。抓几个穷酸书生，显然是易如反掌的事情。没过多久，张熙、曾静，连同吕留良的后人、门生等，统统被抓至北京。按理说，这种案子只要在当地审讯即可。然而，雍正皇帝也许是犯了小孩儿脾气，决定将人犯拘至北京，他要亲自审问。

到了这会儿，张熙和曾静都没脾气了。特别是曾静，一见事情败露，竹筒倒豆子般立刻交代了自己的心路历程，有问必答，态度诚恳，涕泪横流，一副"罪臣知错了"的模样。其实他避重就轻，将自己的失足全都推到了早就死了几十年的吕留良身上。

雍正对他的回答仍有疑问，质问他一乡村腐儒，怎么能知道千里之外的宫闱秘闻，把皇上写得如此不堪？这些胡说八道的十大罪是怎么回事儿？

曾静连忙叩头求饶，又把另一拨人说了出来。原来，被发配到边疆的胤禩胤禟的下人们，心中不忿，故而在流放途中到处宣扬雍正的种种不是。

案子审理完了，雍正皇帝似乎意犹未尽，他决定将曾静谋反案的全部材料刊刻成书，命名为《大义觉迷录》，作为官方指定思想道德读物强制发行。

也许是曾静的态度让雍正皇帝心满意足，雍正皇帝又做出了一个让文武群臣摸不着头脑的判决——这个谋反案，吕留良才是罪魁祸首，他的著作荼毒天下，实在可恶，虽然死了，也要刨棺戮尸、其子彼时已死，也遭受了同样的待遇。吕家其他人该凌迟的凌迟，该斩首的斩首，该流放的流放。

至于曾静和张熙，鉴于二犯认错态度较好，有立功行为，可以免除死罪。不过，他们要担负起宣扬皇上仁德的艰巨任务：雍正让他们听从湖南观风整俗使的调遣，随叫随到，周游全国，宣讲《大义觉迷录》。

乾隆登基43天后，迅速否定了雍正的做法，将曾静、张熙凌迟处死，《大义觉迷录》被定为禁书，全部收缴销毁。

十三弟的忠诚

胤禛是在康熙王朝末年、社会出现停滞的形势下登上历史舞台的。复杂的社会矛盾，混乱动荡的朝廷为胤禛提供了施展抱负和才干的机会，也让他举步维艰。面对着"颇得人心"的八爷党，皇帝的位置坐得他心惊胆战，哪里还谈得上身为一国之君的舒心自在。

雍正王朝之初，由于九子夺嫡的余波尚在，再加上康熙始终以怀柔政策治国，导致雍正初年的政局十分不稳。为了扭转这种不利环境，雍正帝有条不紊地进行了多项重大改革，在短短的13年中取得了不凡的业绩，修正了康熙年间以来的弊端，形成了承上启下的基础。可以说，正是因为雍正拥有一副铁血手腕，清朝才能继往开来。

康熙对他的儿子逐一筛选，最终选择胤禛是明智之举。康熙王朝后期，八爷党和四爷党是最具竞争实力的两派。八爷党的人数众多，四爷胤禛也有自己的心腹。

在康熙的众多儿子中，被康熙称为最有侠义心肠的就属十三阿哥胤祥了。他也是和胤禛关系最铁的兄弟。

胤祥生于1686年，在他14岁的时候，其生母章佳氏去世。此后的胤祥由德妃代为照料。从这以后，胤祥就逐渐地与德妃的长子胤禛十分要好了。

雍正皇帝继位后，将胤祥视为心腹，是以他们儿时就结下的情谊为基础的。如果他们对皇太子胤礽的看法与立场相左，或在康熙朝晚年的储位之争中未曾达成默契，这一基础势必发生动摇。

少年时代即失去母爱的胤祥生性淳诚，谨度循礼，在诸兄弟中虽算不得出类拔萃，但文才武艺都不后于人，又特别地讲义气重情义，虽然贵为皇子，却一点都不蛮横娇纵。康熙皇帝将他视为最省心的儿子，在他12岁时便命随驾前往盛京谓祭祖陵，此后巡幸江南、避暑塞外、视察河工等都曾携他同往。但是，在胤祥22岁那一年，却卷进了使康熙最为恼火的诸皇子党争旋涡中，与胤禔、胤礽同被拘禁。

此后胤礽获释复立，诸兄弟被加封爵位，但他仍没有获得宽释，十几年间默默无闻。在玄烨的前14个皇子中，除幼年早殇者外，只有胤祥一人终康熙之世没有得到过任何封爵。

在康熙皇帝去世的第二天，继承皇位的胤禛便任命胤祥为总理事务大臣，同日又将他从闲散皇子破格晋升为和项怡亲王。当时这位新皇帝刚刚从与对手的激烈角逐中争得宝座，尚立足未稳，争夺中的失败者胤禩、胤禟、胤䄉等人心怀怨恨，虎视眈眈，形势十分严峻。受任为总理事务大臣的四人中，胤禩虽为雍正的弟弟外加重臣，但是，他做事的准则却都以和雍正对立为敌为标尺，位列胤禛的政敌之首，可以说雍正执政时期的大半烦恼都出于自己的八弟之手。虽然雍正铁面无情，但考虑到稳定人心，再加上父亲的临终遗言不许伤害自家兄弟，所以才没有处理八爷党。政敌动不了，提拔自己的人却是无可厚非的，所以，胤祥作为与胤禛情深谊重的兄弟，被特殊提拔、安插在佐理朝政的核心位置，显然是重臣之中最受倚重的一个。他在十几年含辛茹苦、遭受冷落之后，得到四哥如此厚待自然感恩不尽，竭尽全力报效，以偿知遇之恩。

雍正初年，面临康熙后期遗留的国库空虚、钱粮匮乏的财政状况，要想稳定时局、强国富民，扭转财政亏空的局面是当务之急。胤禛把这副重担交给了胤祥。

事实证明，胤祥也确实不是只会享乐的草包皇子，在工作中展现了十足的智慧。首次清理康熙王朝时的遗留旧案，由于数量颇大，胤祥决定打破以往常规，采取规定限期和奖励勤勉相结合的办法，数十日内即将几千宗旧案都理出头绪，为雍正长了脸面。被处分的人当中也少不了牵连到八爷党的人，即使有八爷撑腰，也没能幸免，着实打击了八爷党的气焰。雍正初年，清政府新设会考府，胤祥负责审核财政出纳，办理清查亏空、收缴积欠的事务。雍正对此要求很严格，谕示胤祥：此事必须办好，不能虎头蛇尾、半途而废。胤祥深知此事至关重要，遂尽职尽责，认真办理。在不到三年的时间里稽核、驳回不符合规定的奏销项目近百起，有效地防止了营私舞弊的浪费现象。同时，又查出户部亏空白银250万两，经奏请皇帝，采取令有关官员赔缴和逐年偿补的办法加以解决。对一些与造成财政亏空有直接关系的王公亲贵也毫不留情，连敦郡王胤䄉、履郡王胤裪等人都被勒令变卖家产清还亏欠。胤祥不怕被人指骂，心甘情愿地扮黑脸、做实事。有人因此责怪胤祥过于苛刻无情，然而也正是凭着这种不徇情姑息的认真态度，他才较好地贯彻了雍正皇帝旨意，使亏补欠还、整顿财政取得显著成效，令雍正的皇位日渐稳固。

治河患、兴水利，是历代皇帝都十分重视同时也十分头痛的国家大计之一。康熙非常注重水利的修建，胤祥青少年时期也曾多次随父皇巡视河工，对此并不陌生。雍正年间，水患同样泛滥成灾，损失十分严重；解决水利问题成为了雍正首要解决的头等大事。在治理水利的人选上，胤祥自然当仁不让，受命总理水利营田事务，主管营田水利府和下辖的四个营田局。胤祥的首要任务便是在直隶地区修治河道，开垦水田，变水害为水利。胤祥领命后"建议兴修、疏浚河渠，筑堤置闸，区分疆亩，经画沟塍，躬亲巡视，往返辄经旬月，栉风沐雨，寒暑靡间，务成万世永赖之利"。胤祥开拓创新，在实地勘察的基础上亲自绘制出水域图进呈御览，雍正帝颇感满意，称赞胤祥等人亲至水患地区，不畏劳苦艰辛，无论大河巨川还是小渠细流，都做出详细调查，细心筹划，大大造福了人民。

雍正几乎将难办之事都交给了心腹胤祥去办理，只有胤祥出马，雍正才放心。

从上述内容可以看出，胤祥并没有被自己的功绩冲昏了头脑，也并不是冲着赏赐才肯为雍正全心全意地办事的，其中的原因只是出于和雍正二人的兄弟情谊；也能看出胤祥其人颇为聪明，懂得身为"臣弟"怎样使君王感到满意和放心。不贪恋某些过分例外的恩赐，以免引起猜疑嫉妒而不利于已，这样也就能在宠极人臣之际确保平安，又能更多、更久地博得恩遇。

雍正也并没有卸磨杀驴,虽然此人多疑成性,但是对胤祥却也真正是百分之百的信任,做到了真正的"用人不疑"。

胤祥最终死于肺病,但也不排除劳累过度所致。他死后,雍正悲痛万分,食不下咽、寝不安。还因为三阿哥没有表现出悲痛之意而治他的罪,可见其对胤祥的情谊是何等深厚!

第六章
巩固封建统治的最后努力

自明朝时期出现的资本主义萌芽,不仅潜移默化地改变着大清的经济结构,也对封建君主制造成强烈的冲击。进一步加强皇权,是雍正帝为巩固封建统治做出的最后努力。

摊来摊去不减负

赋役制度的整顿改革,自清军入关后就一直在进行,但是结果一直都不能令清统治者满意。

顺治年间颁行《赋役全书》,"定制可谓周且悉矣",但是由于当时的局势紊乱,战火尚未平息,书中井然的规定措施根本就无法实施,因此不能对地主藏匿地产、官吏挪用公款起到任何的限制作用,百姓依旧在盘剥中叫苦不堪。

康熙初年,清朝统治者认为《赋役全书》过于烦琐,实行过程中容易致使混淆,长久实行下去势必会影响清朝的国库收入,于是康熙下令在《赋役全书》的基础上进行精简,重新编订。康熙二十六年(1687年),《简明赋役全书》颁行天下,结果仍然效果不佳。

在此期间以及在此之后,清朝政府还颁布了其他的一些法令,也进行了种种改革,但是赋役制度和征收手续上的混乱总是无法清除,更无法禁止负担不均和营私舞弊的情况。其中的主要原因在于清朝的人口变动很快,每户占有的土地数目也经常会发生变动,而全国的地亩数、人丁数的统计往往不能准确地、迅速地反映实际情况,这就使得按地亩、人丁来征收的赋役常常出现偏差。

到康熙中后期,全国的经济得到恢复发展,社会整体安定,人们的生活水平也有所提高,人口也随之在继续增长,赋役制度的弊端也日益明显。这使统治者感到施行更大的赋役改革,势在必行。

1712年(康熙五十一年),康熙提出了"滋生人上,永不加赋"的办法。按照颁布谕旨中的说法,以后赋税的征收将以康熙五十年的全国的人丁数目为标准和依据,此后到达成丁年龄的,不再负担丁役。

这项制度,把征收丁税的全国总额固定下来,使赋税不再随着人口的增加而增加,这对无地、少地的劳动人民有一定的好处,他们可以不再为了逃避不堪重负的赋税而远离故乡,从而过上一种相对安定的生活。

虽然如此,但是"滋生人上,永不加赋"的办法并没有对地主阶级和官僚阶级起到长久和真正的限制作用。在这项制度实施的后期,很多有权势的地主阶级置清政府的法令于不顾,为所欲为,依然是以各种名目向贫苦百姓年年增税。

此后,一些眼光长远的官吏、地主,吸取明末赋役不均引发农民起义的经验教训,提出过一些改革方案和想法。但是这些方案要么是太片面、太脱离实际而无法实现,要么是因为阻力太大、障碍过大而中途废止。

直到康熙五十二年(1713年),御史董之燧提出了"统计丁粮,按亩均派"的建议,这是摊丁入亩制度的雏形,但是这个意见在交给户部审议的过程中,以"不便更张"的理由被搁置了。

后来,康熙默许了董之燧的建议,最先在广东和四川两省开始试行，但推行过程十分缓慢，很多地方官员都是持隔岸观望的态度，对政策的实施一拖再拖，效果也不明显。

雍正元年（1723年）七月，雍正皇帝登基即位。雍正执政不久就采纳了当时直隶巡抚李维钧的建议，向全国正式颁发诏令，推行"摊丁入亩"制度。

这项制度在颁布后，由于个别省份的拖延，经历了雍正、乾隆、嘉庆三位帝王，历时100年之久，才全部完成了这一赋役制度的改革。

清代赋役制度的改革是社会经济发展的必然结果。随着商品经济的发展，清朝的租佃关系的日益普遍，全国人口的不断增加，加上人口流动性的加强和农民大批流亡、激烈反抗情况的增加，农民的人身依附关系已经被大大地削弱了，清朝统治者也很难再把农民牢牢地束缚在农田劳作上。在这种情况下，向农民直接征收人头税，就会使赋役制度趋于紊乱，国家的税收收入、财政收入也会受到严重影响。雍正元年实施的"摊丁入亩"，将丁银摊入地亩，实际上废除了人头税，开始按土地的单一标准征收税款，这是"滋生人丁，永不加赋"所不具备的先进性，也是社会经济和政治发展的大势所趋。

摊丁入亩的积极意义在于，它将税收的原则和程序大大地精简了，同时也取消了按人头和地亩征税的双重标准，这是赋役制度的重大改革。和以前的征税制度相比，摊丁入亩、按土地多少收税的办法，其实是在按人们所拥有的财产多少和负担能力的大小征税。因为地主阶级人少地多，农民们地少人多，所以，摊丁入亩的政策实施后，原来由农民负担的部分税款势必会转嫁到地主的身上，所以当时才有"摊入田粮内，实与贫民有益，但有力之家，皆非所乐"的说法。

也正是因为这个缘由,自"摊丁入亩"在雍正元年全面实施以来就一直在遭受地主阶级的反抗和阻挠,尽管从长远来看,这项制度并不会损害他们的利益。在摊丁入亩刚颁布的那一年,浙江一带的地主富商为了反对它的落实,蛊惑蒙骗了上百人,聚集在当地巡抚衙门的门外示威呐喊,表达不愿接受摊丁入亩的方案。恰好此地的巡抚刚上任不久,见此阵势吓得惊慌失措,便不再提均摊的事。时隔四年后,这项政策才开始缓慢进行,可是实行还不到两年,当地的一些地主就开始以帮助推行摊丁入亩为借口,强迫佃户多交税。

因为摊丁入亩的政策对农民本身有利,所以在面对地主阶级的阻挠和抵制时,常常会出现农民竭力反抗的事迹。道光八年,山东黄县知县贪赃枉法,不顾"摊丁入亩"政策,徇私舞弊随意增收粮税,无力负担的百姓便集体来到县衙门前,请求知县能按照当初颁行的摊丁入亩的要求收税。没有想到的是知县不仅无情地拒绝了百姓的要求,还命人以棍棒驱散人群,伤人无数。当时正好是赶集日,县衙的行为引起公愤,赶集的人纷纷前来助阵,大家蜂拥进县衙大堂,给知县以教训。

所以,摊丁入亩的实施虽然缓慢,但仍然能得以延续,与广大百姓的抗争和维护是分不开的。

虽然"摊丁入亩"的实施在某种程度上让曾经出现过严重的赋役不均状况的赋役制度得到改善,也相对减轻了贫苦人民身上的负担。但是由于阶级和时代的局限性,它也有自身不可避免的落后性。

在具体的落实过程中,"摊丁入亩"政策并没有解除清时劳动人民的负担,废止实行了几千年之久的"丁役"也只是名义上的事。

枕头边上的秘书班子

在紫禁城乾清门外内右门西侧有一排逼仄低矮的小平房,乍看上去平淡无奇,甚是不起眼,不仅没办法和太和殿、中和殿、保和殿这样的中轴建筑相提并论,甚至连东六宫西六宫等偏副殿也比它来得气派。远远看去,就像是太监宫女的住处。然而,倘若历史的时钟倒转200多年,在此地出没的,不是股肱大臣,就是青年才俊,几乎聚集了清廷所有的才智之士。这里就是军机处,雍正以后200年大清王朝的中枢神经。

军机处脱胎于内阁,而又与内阁有所不同。明成祖永乐皇帝登上皇位以后,由于朝政日多,事务繁杂,单靠皇帝一个人的能力,已经处理不来。因此设立内阁,选拔才学兼优的大臣任内阁大学士,辅佐皇帝处理公务,其主要职责是先行审阅文武百官的各种奏疏,并酌情处理,再转呈给皇帝。

设立这一制度的用意,起初是减轻皇帝的负担,提高行政效率。但年深日久,弊病逐渐呈现出来。由于明代中期以后,皇帝的精力和能力都逐渐下降,因此越来越多的事情都交由内阁直接处理，于是内阁的权力日趋增大，内阁大学士的地位也日益提高。到明代后期，内阁大学士拟定的处理意见，几乎已经成为最后的决定，而皇帝也只是过目表示同意，行使形式上的决定权而已。清承明制，最初也设立内阁制度。但清初的几位皇帝都是开国之君，拥有一名优秀政治家所应具备的良好素质，很快就意识到了内阁权力过于膨胀，对皇权是一个不大不小的潜在威胁。因此，康熙在南书房选拔王公勋贵、满汉重臣入内办公，与皇帝共同参与政事。不过，这并不是一个常设制度。

康熙末年以来，青海、新疆等地蒙古诸部时有叛乱，因此清廷在西北地区部署重兵。军务也就成为雍正年间头等的大事儿。由于前线敌情瞬息万变，北京与前线又路途遥远，按照惯例处理军务，不仅效率低下、指挥不灵，甚至可能使军机外泄。由于内阁在外廷的太和门外，此时就显出诸多不便与缺点，因此，雍正七年（1729 年）在隆宗门内设立了军机房，从内阁大学士中选择谨慎低调者入职，专门处理紧急军务。到雍正十年（1732 年），又改成"办理军机处"。到乾隆年间又省去"办理"俩字儿，单称军机处。后来，军机处在乾隆末年还曾一度改名"总理处"，到宣统年间又改成了责任内阁……

军机处位置极其重要，与皇帝的寝宫——养心殿只有一墙之隔。因此有什么军国大事皇帝可以在第一时间得知，从而着手处理。有的时候，皇帝也会亲临军机处召开会议。军机处照例是不许亲王入值的。这一规定在雍正乾隆年间都执行得甚为严格。乾隆驾崩之后，和亲王首先破例进入军机处处理政务。到清末，这一规定逐渐松弛，军机处渐渐变成皇子皇孙的天下。

《清史稿》记载："（军机处）时入值者皆重臣。"诚然，能直接辅佐皇帝处理政务，当然得是从满汉文武百官中选出的顶尖儿人物。军机处的职官大约可以分为两种：军机大臣和军机章京，前者俗称"大军机"，后者俗称"小军机"。前者从内阁大学士、各部尚书和侍郎中选拔，也有从军机章京中升任的。军机处的编制也没有定额，军机大臣最初仅有3人，后来政事日繁，军机大臣也逐渐增多，到清末一度达到11人之多；军机章京最初也是如此，直到嘉庆年间，才确定为满汉章京16人。

需要着重提出的是，入军机处当值，只是一个差使，而不是一个实缺，也就是说，进入军机处工作的大臣并不丢掉其原有的职位，而称为"军机处行走"或"军机大臣上行走"；而军机章京则称为"军机司员上行走"或"军机章京上行走"。所谓的"行走"，指的是临时办事的意思。军机处位置如此重要，入值办公者又如此显赫，其日常办公自然也极其繁杂，颇费心思。

先说军机大臣。通常来说，军机大臣每日清晨五六点就要入宫，首先将各地官员发来的奏折送到皇帝处，由皇帝决定奏折中的事情应当如何办理，皇帝一面说，军机大臣一面将其拟成谕旨，交给皇帝过目，之后皇帝若有觉得需要修改之处，再以朱批改定，最后将谕旨下发给相关衙门处理。这之后，军机大臣还要回到自己本来的衙门中处理公务。倘若赶上公事繁忙之际，军机大臣一日要进宫数次，从早到晚不得休息。

军机章京是军机大臣的助手，有的时候，军机大臣根据皇帝意见草拟的谕旨并不亲自动手，而是交由军机章京处理，之后再由军机大臣略作修改，交由皇帝最终决定。军机处所处理的奏折，按例也要由军机章京抄录副本归档，3年编修一次。此外，军机章京还要负责军机处的值班记录，称为"随手档"，方略馆纂修方略时，军机章京也要帮忙处理。

和内阁相比，军机处的办事效率要远胜于前。前文已经提到，无论是皇帝有诏书发布，还是文武百官向皇帝汇报公务，文书都要辗转腾挪，经过若干机构之手，才能到达当事人手中，效率很低。而军机处一改积习，军机大臣与军机章京直接获取奏折，并在皇帝的指示下直接办理；皇帝一有事情，军机处官员立刻奉召入宫，办理公务，而且不许隔夜完成。皇帝拟好的谕旨，军机大臣要立刻交由兵部通过四百里或六百里的驿站加急送至执行人之手。这样一来，中央与地方之间少了许多不必要的环节，皇帝对基层的指挥也如臂使指，办事效率大大提高。

此外，军机处的保密工作也较以前严格很多。军机处的奏折要抄录副本归档，并且装订成册，每月清理，秘密存放。这些工作由军机章京完成，而军机章京则根据资历深浅，分别保管不同内容的档案文书，这样彼此之间互相牵制，避免了舞弊之嫌，也有效地对档案实行了保密。

军机处严禁闲杂人等随意进出。在军机处门外有面铁牌，回龙镶边，狴犴卧底，十分威武肃穆，上面是乾隆御书的圣旨："奉天承运，皇帝制曰：凡王公贵胄文武百官并内宫人等，擅入军机处者，格杀勿论。"在嘉庆年间，又陆续制定了关于军机处办事人员的条例细则。如果说明代内阁对皇权还能实行一定程度上的约束，那么雍正建立的军机处，则使得他以后的皇帝拥有了空前的权力，无论是王公贵族，还是内阁大学士都被排除在外。

军机处的成立，使内阁变成了办理日常例行事务的机构，失去了处理机要军国大政的权力，而军机处则成为实质上的最高行政机构。军机大臣每日都要觐见皇帝，奉召办事，即使皇帝外出也要随行，受到皇帝的直接管辖。

尽管如此，军机处在形式上却非国家正式机构，它的办事地点不称为衙门而称为"值房"，它的值班人员也是以原有官职兼任军机处的工作。这种形式和实质上的断裂，削弱了官僚阶层的权力，而使得皇权空前加强。因为军机大臣在军机处的出入办事，均无现成律例可循，只能听从皇帝随心所欲的调遣安排，奉旨办事，宛如皇上的专职秘书。

这样一来，像六部这样原来的正式国家机构就失去了自主办公的权力，由于皇帝的上谕由军机处直接下传，不经六部，所以六部已经没有权力直接向下发布命令，失去了其原本作为管理机关的职能，而成为单纯执行皇帝意旨的机构。

尽管如此，军机处人员的权力还是不可避免地越来越大。到雍正以后，军机大臣开始管理更多的事情，例如对蒙古各部王公的赏赐加封等事宜也交由军机大臣处理，有重大案件，军机大臣也时常会同刑部一道审问。

清代后期，军机大臣甚至掌握了部分人事权，所有官员的任命，均由军机大臣开单请皇帝批准。而军机章京由于熟悉政务，通晓内情，又经常随同高官处理政务，因此史家有云："章京位分虽低，隐握实权，势耀煊赫，仅稍次于军机大臣而已。"

皇帝加班，谁敢偷懒

康熙三次南巡，乾隆六次南巡，留下许多轶事。和乃父乃子不同，雍正不仅从未南巡过，而且在他在位的13年中，他连北京城都几乎没有出过一步。

有一组数据可以说明雍正的工作量有多大：现存的雍正朝奏折共有41600余件，其中汉文奏折35000余件，满文6600余件。以他在位12年又8个月计算，平均每天批阅奏折约10件。除了奏折以外，还有六部及各省的大量题本，据估算统计，雍正朝共处置此类题本192000余件，每天平均处置40件以上。雍正对于这些奏折和题本并非看毕就算，而是要亲笔书写朱批，提出自己的意见和看法。有的朱批竟有数千字之多。除此之外，雍正还要处理各种军国政务。官吏任免、人民生活、农业工商等，雍正都要亲自过问。

雍正自称"以勤治天下"，这绝非自夸之言。他于45岁的年龄登上皇位，正是年富力强之时，既有精力和魄力，又有资历和经验，而且雍正为人坚毅谨慎，做事果断利落，可以说具有优秀政治家的一切素质。

雍正的勤奋，可以用"朝乾夕惕，宵衣旰食，夙兴夜寐，夜以继日"来形容。这样的工作态度不要说皇帝，就是普通人也很难做到。而且，皇帝的事情是没有人督促的，做与不做全凭自觉，雍正不是一天这样做，他这样做了13年，坚持不懈，这就是他的可贵之处。

康熙末年，由于太平盛世，又兼之康熙以宽仁治国，导致吏治松弛，文恬武嬉，贪污腐败之风甚嚣尘上；国库常年亏损，边境战事频频，积累了大量社会矛盾。在"盛世"的一潭死水之下，隐藏着的是隐隐流动，对清朝统治构成威胁的潜流。雍正登上皇位时，面对的就是这样一个局面，应该说，压在他肩上的担子是十分沉重的。

在这种情况下，雍正帝打起"改革"的大旗，以整顿吏治为切入点，清理国库亏空。雍正刚刚即位时，由于康熙晚年管理不利，官员贪污腐败，国库亏空多达800万两白银。雍正元年（1723年）正月，雍正以迅雷不及掩耳之势，电光石火般连续颁布11道谕旨，严厉警告各级文武官员："不许暗通贿赂，私受请托；不许库钱亏空，私纳苞苴；不许虚名冒饷，侵渔贪婪；不许纳贿财货，戕人之罪；不许克扣运费，馈遗纳贿；不许多方勒索，病官病民；不许恣意枉法，恃才多事。"

这些谕旨，层层下发，中央查地方、后任查前任，就连老百姓也被牵涉进来，雍正告诉他们，谁也不许借钱给地方官员抵挡亏空，如此强大的力量和周全的措施，古未有之。为了切实推行政策，雍正又设立会考府，负责国库的审计并对其收支情况进行整顿。

在雍正的严厉打击之下，不少官吏因亏欠国库银两被革职抄家，甚至方面大员、皇亲国戚也绝不例外。如此大规模、强力度的清欠工程收到了很好的效果。

《清史稿·食货志》曾记载："雍正初，整理财政，收入颇增。"乾隆时史学家章学诚也指出："我宪皇帝（雍正）澄清吏治，裁革陋规，整饬官方，惩治贪墨，实为千载一时。彼时居官，大法小廉，殆成风俗，贪冒之徒，莫不望风革面。"

到雍正末年，国库亏欠不仅完全弥补，还有数千万两余银。此外，雍正还创立"耗羡归公"的政策以预防官员腐败。"耗羡"是征税时附加的货币损耗费，这也是官员贪污的一个重要来源。雍正规定耗羡归公就是把征收的这一部分附加税归国库所有，作为"养廉银"，用来奖励清廉的、有政绩的官员，是吏治的一大进步。

雍正的性格和登上皇位的经历决定了他的执政风格：不会轻易相信任何人，要把权力紧紧抓在自己手里。在这一思路的指引下，在雍正时期，皇权得到了空前的加强。

例如除了六部之外，提升了其他中央政府机构的地位。如理藩院负责少数民族、藩部事务和对外交涉等；翰林院则掌管撰拟祝祭册诰文、编修书籍、经筵日讲及部分科举考试事务等。另外还有管理宫廷事务的内务府和掌管皇族事务的宗人府。内务府的官员主要由宦官（太监）担任。

鉴于明朝宦官专权的教训，清朝的宦官数量减少了很多，管理制度也非常严格，规定太监最高不能过四品，不能结交外臣，不得干预朝政。所有这些机构及其中下级机构的官吏任免均由皇帝一人认定，而且大小官员任命后都要觐见皇帝才可上任，体现了清代政权的高度集中。

在地方上则设有直隶、省、东北、边疆少数民族、八旗等行政机构。省以下为府、县。省级最高长官为总督、巡抚，总督辖多省，一般不超过三个，巡抚只辖一省。总督巡抚互不统属，前者管军事，后者管民事。省级行政机构还设布政司、按察史，主管民政、财政和刑事等。

此外，传统社会，土地和人丁分开纳税，土地称税，人丁称赋。赋对于多讲究多子多福的农民来说，是一笔颇为沉重的负担。因此历朝历代百姓为了逃赋，时常瞒报人口。康熙五十年（1711年），针对人口增多的情况，谕旨宣布"盛世滋生人丁，永不加赋"。雍正即位后，彻底取消了人头税，改为摊丁入亩，即将人丁税摊入地亩，地多者多纳，地少者少纳，无地者不纳，从而在法律层面上彻底取消了赋的征收，使大量没有土地的贫农获得了实际利益，减轻了他们的负担。不过，这一政策却也刺激了人口的急速增长。乾隆年间，清朝人口已达3亿，道光年间又突破4亿大关。大量人口加重了社会负担，为盛世的衰落埋下了伏笔。

雍正为百姓做的另外一件大事是废除了贱籍。这种籍属制度是从宋朝流传下来的，分军籍、民籍和贱籍，民籍是士农工商。贱籍则是在士农工商"四民"之外的户口，不得从事其他行业，更不能读书科举，并且世代相传，不得变更。"贱民"社会地位极低，"丑秽不堪，辱贱已极"，为时人所轻视。

雍正下令取消贱籍，把原来的贱民编入民籍，赋予他们和普通百姓一样的身份、权力和社会地位。取消贱籍，毋庸置疑，无论从观念还是从社会现实来说，这都是一种进步。

总的来说，雍正处在承上启下的关键阶段，康熙晚期已经出现了一些问题，如果他让这些问题继续恶化，清朝的末日也许会来得更早。不过，作为一代帝王，雍正为国家、为百姓做了很多实在的事情。他的努力也为后来乾隆的统治打好了基础，使乾隆可以坐享半个多世纪的太平盛世。

贪官污吏要吃苦头了

康熙末年，海内承平日久，又加上清圣祖以"宽仁"为治国的总方针，结果吏治松弛。文武百官文恬武嬉，贪财怕死，贪污腐败之风盛行，竟至于国库亏损；雍正与乃父不同，早在做雍亲王时就有个"冷面王"的称号，出外办差时就是一路雷烟火炮，让地方官吏各自心惊肉跳，叫苦不迭。待到登基以后，雍正更是对康熙末年的吏治深恶痛绝，于是施展金刚手段，从清理国库亏空入手，大刀阔斧地整治官场积习。

康熙末年官场上的陋习花样繁多，举不胜举。

例如外任的地方官员刚到任时，往往大肆贬抑当地的吏治、经济等各种情况，将当地说得一团糟；过一段时间后，再奏报说经过用心治理，之前的问题都已经得到缓解和好转，通过夸耀自己的政绩，给皇帝留下深刻的印象。河南巡抚石文焯就是一个这样的人。雍正二年（1724年），河南发生蝗灾，他向雍正禀报说，经过省里官员的努力，绝大多数蝗群已经扑灭，百姓的生产生活没有太大影响。但雍正却早就从其他官员的密折中得知实情根本没有石文焯说的那么乐观，于是在朱批中严厉斥责之。谁知他不知悔改。雍正四年，甘肃遭受旱灾，好容易下场小雨，已经调任甘肃巡抚的石文焯再施故伎。他向雍正帝汇报说，由于皇上敬天爱民，甘肃旱情不足为患，粮食有望丰收。结果又被雍正斥责。

此外，由于康熙末年官吏腐败，国库亏空，地方官员遂在老百姓身上打起了主意。他们巧立各种名目，滥收苛捐杂税，老百姓苦不堪言。此外，官员到任离任、四时八节，以及其他一些日子都有要给上级送礼的陋规，这其实等于是变相的行贿受贿。雍正帝对这些官场陋习深恶痛绝，大力整顿，获得了明显的效果。

御史释迦保在巡察奉天时发现，奉天府的百姓贩运货物的车辆在进出城门时需要按车辆规格缴纳数量不菲的通行费，而这笔钱却不属于国家正项，都被衙门内部私分了。雍正帝得知这一情况后，立刻下令查禁。奉天府尹杨超忠实地执行了雍正帝的谕旨，将所有乱收费项目全部废除，也受到了雍正帝的表彰。雍正对官员的溜须拍马、奉承迎合也非常不喜欢。山东兖州知府吴关杰上奏折请求所有文武官员都要在衙门的屏门上刊刻皇帝谕旨，被雍正顶了回来；年羹尧的哥哥年希尧在广东巡抚任上时，给雍正写密折，称颂皇帝"料事如神"，也被雍正批为"没一句真话"。

为了选拔忠于自己、实心任事的官员，雍正对选拔任用官吏一条颇为留心。清代官吏铨选任用，规则繁杂，体例众多，对于官吏的资格、出身都有严格的限定，而且对于满族人和汉族人的任用也各有规定。这些规定，年深日久，已经尸位素餐，阻碍了真正有见识、有能力的官员。雍正大胆打破既有成例，从实际出发，因才任用。

雍正四年（1726年），负责西北军务的川陕总督岳钟琪向雍正禀报，陕西定边、安边、靖边一带的边防部队缺少将领急需补充，但在本省很难找到德才兼备的合适人选；相反四川的武职官员中倒是有不少久经战阵、立下了赫赫战功之人，可是又没有空缺的职位给他们担任。因此岳钟琪希望能够破除不得跨省调动武职的旧有规定，将四川的将领安排到陕西任职。雍正对此极为赞同，他告诉岳钟琪不必过分计较吏部的规定，并且表示可以下一道谕旨专门责成吏部处理此事。

雍正对人才极为重视，常常不拘一格提拔下层官员，他所信任的臣子中有不少是"异途出身"——即不是由科举取士做官。例如"模范督抚"李卫是花钱捐的兵部员外郎，河东总督田文镜则是监生，至于在军机大臣上行走的鄂尔泰也只是个举人而已。

为了从下级官员中尽快寻找可用之材，雍正还数次谕令内外官员留心访查地方吏治，选贤与能，从各行各业中推举人才。

一些抱残守旧的官吏对这种做法颇不以为然，他们轻视异途出身的官员，认为只有科举出身的官员才能够拔擢任用。雍正对这些人的做法极为不满。他对广东总督阿克敦表示，选拔任用官员的标准不能过苛，不能急于求成，施政经验要在实践中慢慢培养。

对于在任的官吏，雍正也非常严格，他要求文武百官要"实心任事"。贪官污吏自不必提，得过且过、做一天和尚撞一天钟的庸官也会受到处分。

雍正认为，合格的官员可以分成两种，一种是对上级言听计从，听话好用，但毫无个人主见的庸碌之徒，这种人就像是木雕泥塑一样，就算多么贤良方正，也徒具虚名，不能报国安天下；而另一种人则是胸怀韬略、才识优长，但在行为举止上不免有些小缺点的人，雍正更喜欢这样的人，因为他们能实心任事，为国出力，为君分忧。

例如直隶巡抚李维钧曾经想要将吴桥知县常三乐调任他处，理由是常三乐在这一职位上无所作为，当地状况不见起色。吏部却拒绝了这一调令，他们认为，常三乐清廉本分，也没有犯过错，因此不予批准。雍正得知此事后，批评了吏部的决定，指出常三乐无所事事就是失职，调任是不够的，应予免去官职。

雍正是一个禀性多疑的人，他曾经说："其不敢轻信人一句，乃用人第一妙诀。"又说："待人不必信亦不必疑，过疑则失人，过信则自失。"在这种心态下，雍正和他手下的臣子们都保持着若即若离的态度。因此，雍正对大臣的监督极其严密，往往通过密折来了解大臣的一举一动，甚至是自己宠信的臣子也不例外。例如，无论李卫在哪里做官，雍正几乎都要通过密折来监督他的行为。李卫担任云南盐驿道时，雍正帝风闻李卫做事高调、全无顾忌，也不注意自己操守，便密谕云南永北镇总兵马会伯向自己汇报李卫的行为，并要求他要据实汇报，不可顾及情面。而马会伯也很中肯地禀报雍正帝，李卫只是性格急躁，做事不免毛躁，但还是合乎礼法规矩，也很注意自己的操守，雍正帝这才松了一口气。

不仅如此，雍正还会命令不同的大臣彼此互相监督，相互牵制，一方面可以约束其行为，另一方面雍正也可以深入了解臣子。例如雍正帝听说湖南藩台朱纲的口碑褒贬不一，便指示湖南巡抚王朝恩暗中访查其行为举止并据实汇报；反过来，雍正也命令朱纲调查王朝恩的"居心行事"。

在雍正皇帝的努力下，雍正年间的吏治确实面貌一新，一扫康熙末年的颓势，从而为乾隆60年盛世打下了良好的基础。

君臣单线联系

王云锦是康熙四十五年（1706年）的状元，到雍正年间年纪已经很大了。王云锦喜欢打叶子牌。某天他在家中无所事事，便呼朋唤友来家中打牌。开始的时候一切正常，谁知几圈之后却少了一张牌，到处找也找不到。缺了牌，自然是玩儿不成了。王云锦无奈，便收拾牌局，排摆酒席，和朋友们猜拳行令，喝酒取乐。

第二天，王云锦递牌子见雍正帝的时候，雍正帝很随意地问他前一天都做什么了，王云锦便把打牌未能尽兴，而后饮宴的情形如实说了一遍。雍正闻听此言并无不实之处，便笑眯眯地从袖筒里抽出一张纸牌递给王云锦道："你丢的是这张牌不？拿回家去接着玩儿吧。"王云锦接过来一看，不禁惊出一身冷汗，这正是昨天没找到的那张牌。

这个故事虽然颇为夸张，未可尽信，但雍正对臣下的情况了若指掌却是确有其事。那么他是如何做到足不出户而世事皆能洞明的呢？答案就在清代特有的密折制度之中。

文武百官有公务需要禀明皇帝时，除了面见直陈之外，还可以写奏疏，称为"题本"。但是由于每日公文数量繁多，单靠皇帝一人之力显然不能全部处理完毕。于是明代又设内阁，由大学士专门处理题本，先初步拟定对题本的回复再交由皇帝过目批准，至清初亦然。但是，这一制度的缺陷也很明显：因为题本本身并不保密，这样，涉及一些机密事务，或者弹劾等敏感问题时，就显得颇不方便，对上书者会造成一些不必要的麻烦。此外，这一制度对皇权也存在潜在的威胁：由于题本需要经过内阁大学士之手再转交给皇帝，这样皇帝看到的题本其实是经过了内阁的筛选的；如果内阁出现权臣甚至是奸臣的话，就非常容易堵塞言路，蒙蔽天聪，将皇帝控制起来。

基于这一问题，清代皇帝发明了密折制度。所谓密折，也即秘密奏折，首先从形式上讲，它是将要汇报的事情写在白纸上然后折叠，并加上封套或是匣子，只有皇帝和当事人才有权拆封，这样就有效地避免了泄密。从渠道上讲，密折并不通过内阁转交，而是直接呈送皇帝御览，待皇帝批复之后再直接发还给奏事人，这样就杜绝了内阁在其间瞒天过海的可能性。从内容上讲，按照规定，题本中只能汇报公事，而密折的内容则无所不包，从军事政治经济，到老百姓的街谈巷议，都可以写进密折。不过，用密折奏事并非所有人都能享受这一待遇，需要达到一定品级的官员才有"密折专奏之权"，同时，皇帝也会赐予某些低级官员这一权力。

密折制度在顺治年间产生，但极少使用。到康熙时期才开始普及，"密折"一词也始于此时。

康熙帝曾经说："密奏之事，惟朕能行之。"他指出，前朝皇帝为了了解天下事，往往让内宫太监出外四处打听，但这些人往往人品不佳，依仗皇帝的势力为非作歹，胡言乱语，甚至和外官勾结，蒙蔽皇帝，因此这一方法并不管用。而康熙则依靠密折来了解各地情况。例如康熙时的江宁织造曹寅和苏州织造李煦，除了其日常工作外，还负有为皇帝探听当地风土人情、街谈巷议，并将其秘密汇报给皇上的职责。这一工作正是通过密折完成的。

此外，臣工对密折制度的完善亦有贡献。户部尚书王鸿绪就曾经在给康熙的奏折中建议："臣此密折，伏祈即赐御批密发，并望特谕总管面交臣手，以免旁人开看之患。又折子封套之外，用纸加封，只写'南书房谨封'字样，以隐臣名，合并声明。"可见密折制度是在长期的实践中逐渐完善的。

密折制度的全面推行和强化是在雍正登基之后。雍正因为与康熙末年的"八爷党"因争夺皇位结怨，故而对官员结党营私深恶痛绝。此外，雍正号称以勤治天下，事必躬亲，事无巨细，都要过问和干涉，因此他对于情报的需求量是很大的。而密折制度既可以让文武百官互相监视，又能提供方方面面的情报，从公事到私人莫不与闻。因此，雍正对密折制度的偏爱就可以理解了。

雍正扩大了密折制度的范围。在康熙时期，仅有百余人有此权力；雍正甫一登基，就赋予各省督抚密折专奏之权，他在谕旨中写道："凡督抚大吏，任封疆之寄，其所陈奏，皆有关国计民生，故于本章之外，准用奏折。以本章所不能尽者，则奏折可以详陈，而朕谕旨所不能尽者，亦可于奏折中详悉批示，以定行止。"此外，也有大量的道员、知府、同知乃至副将等中下层官员也获得这一权力。至于原本就是朝廷言官的御史诸臣，雍正更是在上谕中明确要求其将密折作为一种责任。

在雍正年间，有密折专奏之权的官员达到千余人之多，是康熙朝的10倍以上。雍正对密折也非常重视。由于密折不受通常官方文书体例和内容的拘束，所以较为随意，因此雍正的朱批也一反官方公文中的繁文缛节，上至军国大事，下至家长里短都要发表自己的见解。文风则有时洋洋洒洒数万言情深意切，有时又冷嘲热讽夹枪带棒嬉笑怒骂。语言也浅显平实，通俗晓畅，甚至不避村夫野语。

雍正皇帝对密折的偏好使文武百官也不能不格外重视之。在雍正的鼓励下，凡是官员认为有参考价值的情况，无论事情是否为职责所在，均要写在密折中上奏。密折，不仅是官员们的一种权力，更成为忠于皇帝的责任和义务。密折制度的效果至为明显：有专折密奏之权的官员，不仅人数众多，而且奏报频繁，这就使得地方上的事务无法歪曲和隐瞒。所谓"兼听则明，偏听则暗"，向皇帝汇报情况的权力分散在大多数人手里，同一件事情可能有数件不同官员的密折从不同的角度加以汇报和说明，这样既有助于皇帝全面了解事情，又可以防止有歪曲事实真相的奏折混淆视听。

此外，中下层官员获得专折密奏的权力，使得下级官员对上级官员也有了监督权，并且，这种监督权通过皇权来体现，就确保了其能够较为彻底的执行。另外，官员对于非自己本职工作也有权密奏，也扩大了这种监督权的范围。这样上下级互查，平级的不同官吏也可以互查。这种人人都是监督者和被监督者，多面一体的监督网可以有效地约束官员的行为，在一定程度上改变了以往只有言官行使监督权，上级监督下级的状况。

而且，在这一体系之下，每个人都必须积极主动地参与其中，否则就会遭到批评。例如，当时有官吏密折弹劾他人，事后解释道，就算我不这么做，别人也会这么做，皇上还要责怪我的失察之罪。由此可见，在密折制度的威慑之下，官员也没有办法唯唯诺诺，缄口不言，随波逐流。官员倘若犯错，很快就会被揭发出来。

不过密折制度也有其缺点，就是如果涉及众目睽睽的公事还则罢了，倘若涉及少数人所知的私事——例如诬陷他人——则密折的真实性就有待考证。难怪康熙曾说："密奏亦非易事，稍有忽略，即为所欺。"雍正自然也深知这一点，所以他除了集思广益、仔细甄别对比之外，对涉及的官员，还要亲自考察、察言观色，甚至对自己信任的大臣所上的密折也不尽信，这样就尽可能地避免了受骗。

总的来说，在雍正手中发扬光大的密折制度和前朝的各种告密制度相比，还是有颇多优点的。前朝皇帝，为了广开言路，穷尽世事，或则重用特务，或则滥用酷刑，搞得人心不安，社会动荡。而雍正的密折制度在相当程度上维护了社会的稳定、百姓的安定，同时又使各级官吏惶惶不可终日，不仅严于律己，而且严以待人。在官吏之间造成了紧张气氛。在康熙末年吏治松弛的大环境下，这是有助于雍正匡正吏治的。也正因为如此，它具有一定的时效性。到雍正驾崩，乾隆即位后，就出现了要求废除密折制度的呼声。

业余爱好，求佛问道

雍王府原来是雍正未登基前的宅邸。雍正即位以后，将此处改为自己的行宫，称为雍和宫。由于雍正崇信佛教，雍和宫中大部分殿堂成为诵经礼佛之处。乾隆即位以后，便顺应父亲崇佛礼佛的心愿，于乾隆九年（1744年）将雍和宫正式改为寺庙。

从雍和宫的历史和地位，我们不难看出雍正皇帝和佛教的密切关系。其实清朝历代皇帝大多信佛：顺治皇帝曾经数次宴请高僧入宫说法谈禅，执礼甚尊；而康熙皇帝几乎每次下江南，都要礼拜名刹，会晤高僧，甚至挥毫题匾。雍正更是自号"圆明居士"和"破尘居士"，又钦赐弘历"长春居士"，父子二人均以居士自许。

也许是受康熙的影响，早在胤禛少时，便爱读佛教书籍，年轻时候还请倩人代自己出家，后来又与文觉禅师、性音和尚等高僧大德过从甚密，自二世章嘉活佛处受益最多。

康熙五十年（1711年），在二世章嘉的指导下，胤禛开始学习坐禅。到第二年，胤禛又到柏林寺与僧众一起坐禅，但与性音和尚问难，自觉毫无精进，于是又转而向二世章嘉请教。章嘉告诉胤禛，他对佛法的体认已经登堂入室，还要继续砥砺。受此鼓舞，胤禛又继续在柏林寺集云堂打坐三天，全身大汗淋漓，自觉对佛法的领悟更深了一层，二世章嘉也鼓励他不可就此停步，而应该更加勤奋修行。一年以后，胤禛终于在一次打坐时悟透佛法，得解禅机。二世章嘉也欣慰地说："王得大自在矣。"

雍正即位后，将他求得佛法的这一段心路历程详细记录在了《历代禅师后集后序》中，并且表示了对二世章嘉教导之情的深切怀念，将他作为自己的师傅看待。他说道："章嘉呼图克图国师喇嘛，实为朕证明恩师也。"

雍正不仅经常谈论佛理禅机，还亲力亲为地编辑佛教书籍。他认为彼时通行的几种禅宗语录质量参差不齐，不能给予修行者正确的教导，反而将其引入邪魔外道。因此，雍正按照真理实地、发自本心的原则，排除那些浪得虚名之辈，亲自遴选了12位高僧大德的重要语录，以及其他500余位禅僧、居士的禅语，编为《雍正御选语录》，于雍正十一年（1733年）印行。该书附有雍正所作禅语，并有雍正御制序言。

通过这本书的编选，雍正宣扬儒释道互通有无，破除佛教内部门户之见的观点表现得甚为明显。雍正认为"佛以治心，道以治身，儒以治世"。三教在根本上目标相同，都是教育黎民百姓做人的道理，都能够"致君泽民"，有助于清王朝的和平统治。

雍正对于佛教的体认，对于佛法的理解，可谓是前无古人，后无来者。他不仅是从物质上赞助佛教特别是禅宗，使其拥有了崇高的地位,比较特殊的是他对佛教义理也极其精通。通观雍正自身的修行过程及其佛学理论,可以看出,雍正谈禅的最大特点是强调修行者的亲身体认。他经过自身长时间坐禅的刻苦修行,认识到只有坚持实际的修行,才能在理论上有所突破。

总嫌活得不够

> 身在蓬瀛东复东，道参天地隐壶中。还丹诀秘阴阳要，济世心存物己同。朱篆绿符灵宝箓，黄芽白雪利生动。一瓢一笠浮云外，鹤驭优游遍泰嵩。
>
> 羽帔翩翩冷御风，醮章长达上清宫。化龙有技苍云绕，跨鹤无心颢气通。玉屑驻颜千岁赤，丹砂养鼎一炉红。真机妙谛因师解，何心罗浮访葛翁。

这两首颇有道家清幽气象的诗作是雍正皇帝御制的《赠羽士二首》。雍正皇帝不仅是一位熟读佛经、深明佛法的皇帝，而且对道教的性命双修、养生长寿的法门也非常感兴趣。正如前文所提到的，雍正一贯主张"三教合流"，认为儒释道三教的根本作用都是扶保江山社稷，教化黎民百姓，三教应该相互融会贯通，臻于至高无上的化境。不过，雍正也指出，三教的功用各有不同，佛教中的佛理、禅机等比较形而上，对雍正而言，道教中那些具有实用性的性命圭旨才是他所感兴趣的。

早在雍正还未登基时，他就热衷于道术，并且和一些道士相互来往。在他成为皇帝之后，这一兴趣更是有增无减。雍正曾经在与其几位宠信大臣的密折来往中，用朱批嘱咐他们四处留心和访问当地有无懂得修炼的异人或者道士，发现这样的高人要和颜悦色，以礼待之，赠以贵重的礼物，并尽量说服之，将其送到北京来为雍正服务；即使送来之人名不副实也无妨，不会受到惩罚。

"上有好者，下必甚焉。"雍正的心腹臣子知道主子对奇人异士甚感兴趣，自然加意留心探听访问。早在康熙五十五年（1716年），雍正的门人戴铎赴福建时给雍正的信件中就提到这样一件异事：他在武夷山遇到一个举止怪异的道士，便留心与他套近乎聊天，得知此人会算卦，便将雍正的八字让他算，道士推算一番，说了一个"万"字。雍正得知此事，大约也很开心，他回复戴铎："你好造化。"到雍正即位以后，各地官员更是将各种道士送向北京。雍正七年，雍正密谕陕西总督岳钟琪访查终南山修士鹿皮仙，未果；后来，怡亲王允祥又推荐河南道士贾士芳；雍正八年，四川巡抚德宪推荐道士王神仙；之后，李卫再次推荐贾士芳……此外，更有许多名门正派的道士被召至北京，接受雍正皇帝的接见和封赏，有的还留在了北京。

雍正访求这么多道士，所为何故呢？很简单，他对道教中的炼丹之术非常着迷。炼丹术是道教中的一种基本修炼方法，道教初期以外丹为主，这是指用丹砂、铅、水银、硫黄等矿物质为原料，用炉鼎烧制而成。宋代以后出现了内丹学派，讲究通过打坐修炼，使精化为气，气化为神，凝结成内丹。二者都有延年益寿，甚至长生不老，白日飞升，坐地成仙的功能。雍正招募道士入宫，正是希望能够炼成金丹。

因此，雍正对紫阳真人张伯端的大力推崇，不仅因为他援佛入道的理论与雍正主张的"三教合一"有契合之处，更因为他是内丹学派的代表人物。张伯端所著《玉清金笥青华秘文金宝内炼丹诀》发展了陈抟的内丹修炼学说，主张"性命双修"，系统地阐述了内丹派以人体为鼎炉，以精气为药物，以神为真火，经过筑基、炼精化气、炼气化神、炼神还虚四个阶段，最终结成金丹的理论。雍正对此极其赞同。

雍正最初并不参与炼丹活动，而是由道士进行小规模的秘密炼丹，并将成药进贡给雍正服用。雍正四年（1726年）左右，雍正开始服用一种称为既济丹的丹药。按照中医典籍的记载，"既济丹"又称为"坎离既济丹"，它的主要成分是一些性热之药，主要起到强身健体和壮阳的作用，但和修身养性并无太大关系。

总之，雍正服用此丹后甚为满意。他不仅自己服食，还分赐给宠信的大臣们。雍正告诉田文镜，这药制药精细，疗效非凡，实在是有百利而无一害，劝说他安心服用，无须怀疑；又嘱咐鄂尔泰，可以将既济丹与秋石一并服用，效果尤佳。既济丹的灵验让雍正对炼丹术的神妙更加坚信不疑，他给予了为其炼丹的道士大量的殊荣：他不仅御制诗篇，描述和称赞道士采药、炼丹；还赐给道士特别制作、镌有"太上老君驱邪宝"字样的印章；还在外人不得擅入的御花园中设立了做法用的斗坛和供道士们居住的精舍；又下诏拨款修复了大量的道观。

雍正八年（1730年），雍正生了一场大病。病愈之后，雍正似乎觉得小规模的炼丹已经不足以满足他的需求了，而长期的观摩和修行也让他希望能够参与到炼丹之中。雍正曾经作诗一首："铅砂和药物，松柏绕云坛。炉运阴阳火，功兼内外丹。光芒冲斗耀，灵异卫龙蟠。自觉仙胎熟，天符降紫鸾。"这首诗描述的自然是宫中炼丹的情景，不过，从最后两句看来，雍正似乎也开始亲自进行炼丹。

雍正炼丹，当然是秘密进行的，因此正史并无记载，不过，清宫《活计档》却保留了雍正秘密炼丹的蛛丝马迹。根据记录，雍正八年（1730年）年底，奉内务府总管海望、太医院院使刘胜芳，以及宫内执事太监李进忠等人的命令，先后四次向圆明园秀清村运送大量柴火、木炭、煤炭等物，均有数千斤之多。

按照清宫惯例，取暖做饭所用的燃料有专门账本记录，并且定时定量供应，所以这批燃料并非为取暖做饭所用。那么，这批燃料是用来做什么的呢？考虑到发布命令者中有太医院院使这样看起来并不搭界的人物，而秀清村又是一个地理位置偏僻、少有人烟的地方，似乎可以得出一个结论：雍正在此大量地炼制丹药。

有学者统计了《活计档》中的数据，计算出从雍正八年到雍正十三年的5年时间里，圆明园运来炼丹相关物品共计157次，其中煤炭达到了234吨，更遑论还有大量的硫黄、矿银、红铜、水银等物。雍正炼丹的炉火，自从雍正八年点燃之后，直到其驾崩都没有熄灭过。

在圆明园内为雍正负责实际操作的道士中，张太虚和王定乾二人是主要负责人。这二人并不是什么知名道士，之所以能够获得雍正的宠信，主要原因就是在炼丹一途颇有心得。在雍正的亲自过问之下，炼制出了大量丹药。

雍正对这些丹药的效果深信不疑。他不仅将这些丹药作为自己日常必备不可缺少之物，还将其作为贵重品赐给文武百官。《活计档》中记载，雍正十二年（1734年）三月至四月期间，已经升为内大臣的海望两次进贡丹药共五匣，雍正将其全部赏赐给了大臣，其中有像查郎阿、张广泗这样的武将，也有像达奈这样的闲散宗室。

谁才是真正的凶手

> 雍正十三年八月二十日，胤禛偶感违和，仍照常听政，并召见臣工。二十一日，病情加重，照常理政。大学士张廷玉每日进见，未尝间断。皇四子宝亲王弘历、皇五子和亲王弘昼等，御榻之侧，朝夕奉侍。二十二日，病情恶化，太医抢救。二十三日子时，进药无效，龙驭上宾。

这是《清世宗实录》中关于雍正之死的记载。作为康熙帝的儿子和乾隆帝的父亲，雍正皇帝在百年康乾盛世中扮演着承前启后的重要角色。从即位到暴毙，他在位只有短短的13年，却制造了一系列的疑案。对后人而言，雍正王朝就像遗落在岁月里的一个神秘孤岛，被层层迷雾所包围。

雍正的暴毙是他留给后人们的最后一桩疑案。从发病到死亡，只有短短的三天时间，由此推断，雍正得的应该是急症。可是无论是《清世宗实录》还是《清史稿》，都对他的死因只字未提。正史的缺失，导致关于雍正之死的推测众说纷纭。

其中最广为流传的说法是，女剑侠吕四娘为报家仇，深夜潜入皇宫刺杀了雍正。这种说法极具传奇色彩。

据后人记载，女剑侠吕四娘是东海夫子吕留良的后人。雍正八年，曾静一案爆发，陕甘总督岳钟琪受湖南曾静、张熙怂恿，举兵反清，事情败露后，由于在曾静等人的供词中涉及到吕留良的文字作品，吕家被牵涉其中。雍正下旨灭吕氏全族，并将吕留良开棺戮尸。

当时，吕四娘因在安徽乳母家中而逃过一劫。后来，吕四娘听说吕氏一族惨遭灭门，便用血写下了"不杀雍正，死不瞑目"八个大字。为报家仇，她下江南拜大侠甘凤池为师，苦学本领。学成之后，吕四娘只身入京，并趁机混入皇宫，杀死了雍正，她甚至取走了雍正的首级，用来祭奠含冤而死的族人。

这个故事虽然流传甚广，但真实性并不高。据曾静一案的相关记载，吕留良之案，清政府监管非常严密，吕氏一门不可能有漏网之鱼。雍正十年，已去世的吕留良和他的大儿子吕葆中被开棺戮尸；次子吕毅中被斩首；其他子孙被发配到宁古塔，世代为奴。

这个故事中还有一个疑点即吕四娘的师父甘凤池。甘凤池并不是虚构人物，可他也不是坚决反对清政府的武林高手。《儒林外史》中的凤四老爹就是以他为原型塑造的形象。甘凤池在雍正七年就被李卫生擒，之后，便彻底投降了清廷。可见，雍正死于他的徒弟吕四娘之手的说法可信度并不高。

另据清末民初学者柴萼所著的《梵天庐丛录》记载，雍正九年，雍正皇帝在睡梦中被太监霍成、吴守义和一帮宫女用绳子活活勒死。霍成和吴守义本来是八阿哥廉亲王宠信的太监。雍正即位之初，处理康熙末年"九子夺嫡"的余波时，八阿哥胤禩被逼死，从护主的角度讲，这两个太监是有杀人动机的，所以，乍听之下这种说法好像比较合理。

但《大义觉迷录》中的一段记载却推翻了这种说法。据《大义觉迷录》记载,雍正四年,霍成和吴守义被发配到广西,后来,曾静一案爆发,他们俩又被卷入其中。《梵天庐丛录》中记载的事情发生在雍正九年,这时候,二人不可能仍在宫中当太监。而且,在位十三年的雍正怎么可能死于雍正九年呢?可见这种说法也纯属杜撰,不足为信。

除此之外,还有被曹雪芹和竺香玉合谋毒死的说法。相传,竺香玉本是曹雪芹的恋人,后被雍正霸占,成为雍正帝的皇后。曹雪芹为了见到恋人,就在宫中谋了一份差事。后来,为了跟竺香玉在一起,曹雪芹便与她合谋,用丹药毒死了雍正皇帝。这种说法杜撰的痕迹太重,纯属无稽之谈。

承政院是朝鲜管理国家机密事务的机构,设立于定宗时期。《承政院日记》是承政院对李朝时期日常事务所做的详细记录,是李朝时期的重要史料。由于明清两代的皇帝与李朝时期的朝鲜政府外交联系密切,有学者尝试从《承政院日记》中寻找关于雍正之死的线索。

《承政院日记》的记载略显夸张,说雍正晚年耽于美色,由于纵欲过度,导致病入膏肓。这种说法虽然可能有夸张的成分,但却非全然杜撰。据史学家推断,雍正即位之初,为了加强皇权,他对内要清除政敌、打击朋党、整饬吏治;对外征战西北、打击分裂活动。与康熙一样,雍正皇帝也是一位勤于政事的皇帝。他朝乾夕惕、夙夜忧勤,兢兢业业地履行着一个皇帝的职责,努力稳定着国家的政局。雍正八年以后,随着国家政局日渐稳定,雍正开始有一些闲暇时间,他不需要再像之前那样忙碌。步入天命之年,他开始崇佛修道,并对女人产生了兴趣。雍正晚年沉迷于道家炼丹之术,他长期服用一种叫"既济丹"的丹药,据说,这种丹药对水火不济、肾虚、虚败不禁、腰脚无力等症状有很好的治疗作用。由此可见,已过天命之年的雍正,炼丹服饵的原因并不单单是为了追求长生不老，他也希望这些丹药能起到固本培元、壮阳补肾的功能。雍正八年以后，雍正皇帝常年服用以道家炼丹之术炼制而成的丹药。这种丹药性情躁烈，而且毒性极大，长期服用，会有大量的毒素沉积在体内，对于雍正皇帝来说，毒发身亡只是早晚的事。

牛舌头黑铅是道教炼丹所使用的重要原料。雍正十三年八月初九，大批牛舌头黑铅被运进了圆明园中炼丹的地方。八月二十一日凌晨，雍正皇帝便毒发身亡，死在了圆明园离宫里。三天之后，乾隆皇帝即位，历史又翻开了新的一页。

初登大宝的乾隆皇帝发了一道圣谕，阐释了雍正皇帝的死因：

"皇考万机余暇，闻外间炉火修炼之说，圣心深知其非，聊欲试观其术，以为游戏消闲之具，因将张太虚、王定乾等数人置于西苑空闲之地，圣心视之与俳优人等耳，未曾听其一言，未曾用其一药。深知其为市井无赖之徒，最好造言生事，皇考向朕与和亲王面谕者屡矣。今朕将伊等驱出，各回本籍。"

这道圣谕有故意遮掩事实的嫌疑。雍正死于他一直赖以为生的丹药，对于皇家而言，这算得上是一桩丑闻。在这道圣谕中有太多欲盖弥彰之处。乾隆皇帝明确地点出了雍正皇帝爱好道家炼丹之术的事实，却又说"圣心深知其非"，而且"未曾听其一言，未曾用其一药"。如果真的如此，"深知其非"的雍正皇帝如果没有深受其害，他为什么还要严令宫中宫女、太监不许妄言？乾隆皇帝的这一番举动，实属"此地无银三百两"。当然，这些都是后人的推断。至于雍正之死的真正原因，只有消逝的岁月知道真相了。

第七章
康乾盛世不安稳

顺治首创,康熙再进,雍正承上,大清帝国的皇冠传到乾隆头上时,已经到了最为辉煌的时刻。上承祖、父之荫,下启勤政之门,乾隆王朝,焕发出了一种欣欣向荣的景象。康乾盛世,这个封建王朝最后一个盛世顶峰,于此出现。

侄子反叔叔

雍正二年（1724年），废太子胤礽在咸安宫中病逝，享年51岁。之前，他已经在此被禁锢了12年。胤礽获罪的原因为世人所熟知：他曾经是康熙皇帝的孝诚仁皇后赫舍里氏的遗腹子，一度是康熙皇帝视若掌上明珠的爱子，但他却因为"狂疾未除，大失人心"最终被康熙幽禁，倒在了康熙末年波谲云诡的宫廷斗争中。也许是过早的跌倒让他看清了政治的险恶和人心的淡薄，被幽禁以后的他不问世事，日夕以抄写经书为业。在他病危之时，雍正曾亲往看望，胤礽还当着雍正的面，教导他的儿子弘晳要忠君爱国，勿作他想。

可是，弘晳却没有听从其父亲的教导，深陷于对权力的争夺中不能自拔，最终落得和父亲相同的下场。

弘晳是胤礽的长子，出生于康熙三十三年（1694年）九月，尽管他的生母李佳氏只是胤礽的侧福晋，但由于正福晋瓜尔佳氏无嗣，因此弘晳其实是算得上是胤礽的继承人。弘晳出生时，胤礽还是东宫太子，弘晳从小就以皇太孙自居。可是，胤礽的两次被废，让弘晳几乎是失去了有朝一日君临天下的梦想。

康熙五十一年（1712年），胤礽被康熙幽禁在咸安宫中。此时的弘晳已经18岁了，刚刚生下了长子永琛。父亲的失势似乎并没有影响到康熙帝对他的宠爱。由于弘晳习文善武，为人和善，自然受到了满汉文武百官的交口称赞，甚至民间也有"皇长孙颇贤"的说法，甚至一度有因为康熙喜爱弘晳，将会第三次复立胤礽为太子的说法。

康熙对弘晳的喜爱和保护，可以从下面这件事情中看出来：康熙五十五年（1716年），弘晳通过太监向宫中一名叫华色的工匠转达了一个要求：制造一条宫廷式样的珐琅火链。虽然按照康熙幽禁胤礽时的规定，弘晳已经不能使用此物，但这名工匠还是知法犯法，为其制作了一条。结果事机不密，被康熙帝发现，亲自处理此事。按理说，弘晳作为主犯，应当从重处罚，但康熙判处华色带枷杖笞后流放，养心殿管理工匠的太监也受到连带处罚，独独对弘晳只字未提。由此可以看出，对于父亲被囚，本就处于逆境中的弘晳，康熙并不希望因为这一错误，而将他置于更加不利的位置上。此外，朝鲜《李朝实录》对康熙和弘晳的关系也有这样一条记载：

> 康熙皇帝在畅春园病剧，知其不能起，召阁老马齐言曰："第四子雍亲王胤禛最贤，我死后立为嗣皇。胤禛第二子有英雄气象，必封为太子。"又曰："废太子皇长子性行不孝，依前拘囚，丰其衣食，以终其身。废太子第二子朕所钟爱，其特封为亲王。"言讫而逝。

这一说法的可靠性值得怀疑，很有可能仅仅是朝鲜使臣在中国的道听途说。然而，所谓空穴来风，未必无因。能够听到这样的传言，恰恰也证明了康熙对于弘晳的偏爱。

众所周知，在九子夺嫡中最后胜出的是皇四子胤禛。他的竞争者们在吞下失败的苦果之余，对雍正产生了更大的敌意。雍正自然也深知这一点，为了消灭在朝中盘根错节、直接与他针锋相对的"八爷党"，他必须对其他大多数阿哥采取怀柔政策，而没有与雍正有过直接利害冲突的胤礽自然也位列其中。雍正不仅亲自过问胤礽在咸安宫中的饮食起居，还一再对弘晳表示了好感。

雍正甫一即位，就册封弘晳为理郡王，又将昌平郑家庄的平西王府拨与弘晳居住——这座王府本来是康熙年间修建，计划由废太子胤礽居住，后来由于康熙驾崩而未果。胤礽死后被追封为理密亲王，雍正六年（1728年），弘晳又继承这一爵位，升为理亲王。

可是雍正大约没有想到，弘晳对雍正的关心并不感到温暖和开心，反而愈发地感到愤恨。也许康熙生前的宠爱让他做起了有朝一日还能登上大宝的美梦，而关于雍正即位时的种种流言蜚语也让他深信这位四叔的皇位得来不正。

不过，弘晳的抱怨和不满也只能是暗中发泄，因为他深知：公开反抗雍正，定是落得一个生不如死的下场。因此，他只能隐忍，不发一语。

雍正的暴死和乾隆的登基让一切改变了。对于小时候曾经在康熙身边读过书的乾隆而言，父亲雍正的严肃谨慎、勤于政务固然可敬，但祖父康熙的宽仁治国更是他所向往的。乾隆认为，作为统治阶层的满族相对于汉族来讲人口较少，因此要巩固统治，稳定局面，必须使整个满族团结安定。因此乾隆上台伊始，就将雍正曾经打击压制过的皇亲国戚重新翻案，撤销对他们的处罚，并且重新给予优厚的待遇。乾隆称这一举措为"亲亲睦族"。这也确实为乾隆赢得了大量官吏的支持。

这时候又出了一件和皇位国本有关的大事儿：原来，乾隆的次子永琏是孝贤纯皇后富察氏所出，深受雍正和乾隆的疼爱，据说，雍正亲自为这孩子起名叫永琏，暗含着将来入主大宝的意思。乾隆也认为这孩子"聪明贵重，器宇不凡"，又是嫡长子，因此早在乾隆元年（1736年），根据雍正确立的秘密建储制度，就将写有永琏名字的密旨放在了正大光明匾的后面。可是天不遂人愿，乾隆三年，年仅9岁的永琏夭折了。因此乾隆只得将密旨取出，并与庄亲王允禄、和亲王弘昼，以及几个军机大臣知会了此事，这也意味着储君虚悬，国本未定。

在这样的局面下，弘晳的野心像春天滋生的野草一样迅速生根发芽了。乾隆的宽松政策让他获得了一定程度上的自由和权力，而当他得知东宫之位尚空时，更是不安于室，纠集一干人等蠢蠢欲动。

和弘晳过从甚密的，主要有允禄、弘升、弘昌、弘晈、弘普等人。允禄是康熙的第十六子，却比弘晳还小一岁。由于他年纪较小，并未参与到九子夺嫡之中，因此雍正年间才幸得保全，被册封为庄亲王。但是这位允禄性格内向，喜爱数学和音乐，在政治上却比较迟钝。此外，弘升是康熙五子恒亲王允祺的长子，弘昌和弘晈分别是怡亲王允祥的长子和四子，弘普则是允禄的长子。按理说，允祺和允禄在康熙末年都没有染指皇位的野心，而允祥更是雍正坚定的拥护者，弘晳居然能够博取这些人的同情和好感，进而与之"结党营私，往来诡秘"，除了说明弘晳在笼络人心上有一手之外，也说明雍正对宗室贵族的政策的确不得人心。

不过,弘晳的一举一动都没有逃脱乾隆的耳目。乾隆四年,乾隆率先发难,他先是借口有人告发弘升"诸处夤缘,肆行无耻",将其革职锁拿,交由宗人府审判,随即顺藤摸瓜便揪出了弘晳一干人等。其实,乾隆这时候的目标主要是允禄,弘晳的罪状并不大。在乾隆看来,弘晳虽然不忘自己曾经是废太子的嫡子,心存不臣之心,但并没有什么实质性的谋反行为,顶多是行为不检而已,因此仅将其革去王爵,软禁在郑家庄。

可是,随着审讯的深入,有一名叫安泰的巫师交代:弘晳曾经请他做法占卜,预测乾隆能活多少岁,天下是否太平,以及自己是否还能当皇帝等问题。乾隆闻听此言勃然大怒:弘晳对这些问题的关心,显见得他有勃勃野心,甚至妄图取自己而代之。于是将注意力转向对弘晳的调查,结果发现弘晳在自己的平西王府中,仿照内务府的建制,设立了类似于内务府七司的机构。乾隆认为这正是弘晳僭越无礼,另立小朝廷的铁证。情势至此急转直下,最终认定了弘晳的"首恶"地位。乾隆指出,弘晳的罪恶甚至远大于允禵、允禑等人,因此要从重处理。

弘晳和他的父亲以及几个叔叔一样,最终被削除了宗籍,并改名为四十六——这是由于他当时46岁,又被高墙圈禁在景山之内。3年之后,皇帝美梦成空的弘晳郁郁而终,享年49岁。直到乾隆四十三年(1778年),弘晳才与允禵、允禑一道恢复原名,重新收入宗籍。

弘晳的获罪,标志着自康熙末年以来对皇位的觊觎终于告一段落。

最后的安稳民生

礼亲王昭梿所著《啸亭续录》中曾经提到一户被称为"郝善人"的地主。这位郝善人是怀柔县人,家中良田万顷,因为宅心仁厚,扶危济困,怜贫惜老,才得了这么一个绰号。但他最得意的地方并不在此。有一年,乾隆一时兴起,就驾临郝家,郝善人见皇帝来了,自然是加意逢迎,努力巴结,大排筵宴招待乾隆,席上山珍海味竟有100多道,而陪驾的王公大臣、侍卫太监,乃至于差役轿夫等,一律好吃好喝招待。一天就吃了十多万两的银子。这样的气派,这样的排场,恐怕就是大内皇宫也不过如此了。

这个故事从一个侧面反映了乾隆时期社会经济的发展。平民百姓的生活水平逐渐提高,生活质量日益上升,是与乾隆治理下的社会经济的发展密不可分的。

在传统社会当中,农业始终是经济的重中之重。乾隆坚持了从康熙以来的以农业为立国之本的政策,推行了多项有利于恢复和发展农业生产的措施。首先,乾隆大力鼓励对抛荒耕地的开垦,对新开田地按最低税率征税,如果土地贫瘠,还可以免税。其次,为了保护开荒者的利益,又发布了一系列法令,要求地方官如实上报田地亩数,禁止虚报。此外还严禁夺田换佃;对于不适合发展农业作物的地区,还鼓励农民种植经济作物,促进副业的生产。

不仅如此,乾隆还在前代垦荒政策的基础上,进一步加强了对边疆地区的开发。经过康熙、雍正两代的大力垦荒,到乾隆时期,大片荒地已较为稀少,只剩了一些未开垦的零星小块。在垦荒这件事上,乾隆制定了比以往更宽松的政策,并加大了鼓励力度。他规定:"凡边省、内地零星土地可以开垦者,悉听本地民、夷垦种,免其生科,并严禁豪强首告争夺。"对于边疆荒地,乾隆则用当地驻兵进行开垦,"凡驻军在2500人的地方,都要以3/5的人力用来垦荒"。后来,战争平息,各地驻兵减少,不足屯种,乾隆就下令可以召集"流人",分给他们田地耕种,另外还分给商人每户三十亩承垦新地,免税6年。乾隆甚至开放了前朝封禁的东北地区,将关外闲散旗人迁移过去进行垦荒种地。

乾隆制定的这些政策鼓励了官员和农民的积极性,各地官员纷纷身体力行,推动农业经济的发展,而农民也加快了对耕地的开垦。在长期的实践中,农业生产工具和农业耕作技术都有了长足的发展和进步,北方很多地区都实现了三年四熟或二年三熟。此外,农民广泛引进和推广新作物品种,提高了农产品的产量。耕地面积更是显著增长:雍正二年,全国可耕面积683万余顷,乾隆三十一年扩大到741万余顷。

到清代中期,江南地区已经成为全国的财税大户。乾隆对维护这一地区的安全和社会的稳定,也做了大量的工作,其中最重要的就是返修江浙海塘工程,在海边修建新的鱼鳞石塘。所谓鱼鳞石塘，指的是以条石修筑的堤坝。这种堤坝在修建时，先将条石纵横交错，自下而上垒叠整齐，再在条石上凿出榫铆眼儿，用铁锔和铁榫勾搭连环锁死，之后用油灰、糯米浆浇灌合缝处，最后还要在塘底打桩。由于条石层次分明如同鱼鳞，所以称为"鱼鳞石塘"。这种堤坝建成以后，浑然一体、牢不可破，可以有效地防止潮水对地势较低的沿海地区造成灾害。

早在乾隆元年，海宁一带就修筑了近六千丈的鱼鳞石塘。后来，乾隆委派治水专家、河道总督稽曾筠接手此事，他将年深日久、已不牢固的土塘拆除，在海宁南门外又修建五百余丈鱼鳞石塘。乾隆四十五年，乾隆更是借南巡之机亲临海宁，并下令将当地所有可建鱼鳞石塘之处尽行修建。仅这一工程就花费白银数百万两。在乾隆的大力督促下，不仅浙江地区，江苏地区也修建了大规模的鱼鳞石塘。到乾隆末年，江浙的鱼鳞石塘已经互相贯通，北起江苏宝山，南至浙江仁和。鱼鳞石塘蜿蜒数百里，与长城、大运河并称为我国古代三大土木工程。

此外，乾隆还建立并完善了关于海塘工程的各项规章制度，如安排官兵管理和巡逻，配备仓储物资随时供应维修，这些措施对于维护海塘的正常运作起到了至关重要的作用，进而保证了东南沿海地区的和平安定与社会繁荣。

在农业快速发展所获得的成就的支持之下，乾隆年间的手工业与商业也获得了长足的进步。手工业的发展促进了经济作物种植规模的扩大。华北平原，特别是河北地区，普遍种植棉花，"冀、赵、真定诸州属，农之艺棉者，十之八九"。长三角地区和珠三角地区则广泛种植桑树，当地人获利颇丰。至于山区则大量种植茶树，吸引了不少客商。新开发的台湾地区，每年的蔗糖产量达到一亿斤之巨。经济作物的种植，使粮食运输贸易也逐渐兴起，长三角一带和福建地区到乾隆时期都要仰仗外地粮食的供给。

手工业的发展还使得商品的种类增多，生产规模提高，销售市场扩大。苏州的织工开发出了新的丝绸式样，并且"专其业者，不啻万家"，其产品不仅畅销于国内，而且还出口到日本、东南亚，甚至欧洲各国；而南京的棉布年销量，仅仅10年之内就涨了3倍，达到一百万匹之巨。采矿业在乾隆时期也有了新的发展。乾隆八年（1743年），乾隆决定开放矿禁，"各省凡有可采之山厂，俱经该地方官查明保题，先后开采，以济民用"，这也使清代的手工业有了新的发展。

乾隆不仅想办法为黎民百姓创收，还效仿康熙帝多次减免钱粮征收，曾于乾隆二十一年、三十五年、四十二年、四十三年、五十五年数次普免全国钱粮。其减免的规模、次数和数量都超过了前朝。乾隆时期还曾用7年时间将全国漕粮普免一遍，后又两次普免天下漕粮，普免金额达1000万两白银。

尽管如此，由于生产的发展和社会经济的全面繁荣，清政府的岁入反而逐渐提高，由原本每年的三四千万两，一度达到乾隆四十二年的八千一百余万两，到乾隆末年，也能稳定在六七千万两的水平上。

此外，为防备灾荒歉收，乾隆朝还通过官储、民储、商储的途径，实行大规模储粮，总数达到一亿石。在灾荒之年，这些储粮能够起到保证民生的作用，体现了乾隆作为一代帝王的长远眼光，也使乾隆时期国库充盈、国力强盛，所以才有能力支付乾隆六下江南的奢华之需。

乾隆勤于政务，努力发展经济的举措不仅让自己，也让全国人民享受到了社会经济发展带来的好处。

不过，乾隆时期繁荣的社会经济也造成人口的激增。乾隆六年（1741年），全国人口约为1.5亿人，仅仅50年之后，人口数量翻了一倍，达到3亿，这导致了自然与社会压力的激增，社会的不安定因素逐渐增加。人口增长带来的压力日益明显。乾隆帝就曾经说过"承平日久，生齿日繁，盖藏自不能如前充裕"，还说"生之者寡，食之者众，朕甚忧之"。此外，人口增长还导致物价的上涨。在物价上涨的冲击下，国家收入的另外一项重要来源——炼铜、漕运和盐业的成本也提升很快，难以为继，纷纷破产，形成了"人口增加—土地减少—物价上涨—工业破产"这样一个恶性循环的怪圈。在康乾盛世美好阳光的背后，即将来临的是道咸衰世的乌云。

准噶尔部终于消停了

厄鲁特蒙古又称为卫拉特蒙古，其实就是在明代引发"土木之变"的瓦剌部。这一支蒙古起源很早，在成吉思汗时期就是一支重要的力量，并与黄金家族世代通婚，因此势力很大，在也先统治时期甚至统一了蒙古全部。后来漠南蒙古的达延汗兴起，击溃厄鲁特蒙古，后者只得逐渐西迁至中亚地区，因此又被称为漠西蒙古。

厄鲁特蒙古主要包括四个部落：准噶尔（又称绰罗斯）、和硕特、杜尔伯特、土尔扈特，此外还有一些小的部落。1623年，以准噶尔部首领哈拉忽剌为首的四部联盟击败了漠南蒙古在漠西的统治势力，控制了天山以北和杭爱山以西的地区，而准噶尔部也因为在这次战争中的主导地位，实力超过和硕特部，一跃成为厄鲁特蒙古人中最为强大的部落。之后，准噶尔部在哈拉忽剌之子巴图尔晖台吉的领导下，将和硕特部赶到青海西藏一带，土尔扈特部则远迁至伏尔加河下游，杜尔伯特部被压缩在额尔齐斯河一隅，准噶尔部独霸北疆。

1670年，准噶尔部内乱，巴图尔晖台吉之子僧格身亡，其弟噶尔丹从拉萨赶回伊犁镇压了叛乱者，继承台吉之位。在噶尔丹的统治之下，准噶尔部的势力范围大大扩张，越过天山向南，甚至一度控制了西藏。噶尔丹更将目光瞄向了东边的喀尔喀蒙古。

准噶尔部的扩张，特别是对喀尔喀蒙古的野心引起了清廷的注意。康熙皇帝意识到准噶尔部乃是西北地区的心腹大患，必须及早铲除，于是三次亲征，先后在乌兰布通战役、昭莫多战役中打败噶尔丹。康熙三十六年（1697年），噶尔丹暴病身亡。此后20年，准噶尔部都平安无事。直到康熙末年，准噶尔部台吉策妄阿拉布坦又趁西藏内乱之际派大策凌敦多布占领拉萨，后被清军击败，退回伊犁。

雍正年间，准噶尔由噶尔丹策凌统治，他的名字和噶尔丹相近，其才能也并不逊于噶尔丹。雍正九年（1731年），清军征讨准噶尔，反被噶尔丹策凌诱敌深入，在和通泊大败清军，史称和通泊之战。这一时期，双方互有胜负，清军始终无法攻克准噶尔部。无可奈何的清廷只得同意与噶尔丹策凌议和，达成表面的和平。议和条约在乾隆初年方告达成。此后10年，双方基本上相安无事。

乾隆十年（1745年），噶尔丹策凌去世。他的次子策妄多尔济那木扎勒以嫡子的身份继位，称为阿占汗。作为一个只有13岁的少年，他除了吃喝玩乐昼夜宣淫，就是残害生灵荼毒百姓，而前朝老臣大多去世，一时间居然无人能够管束他。对策妄多尔济那木扎勒失望的王公贵族们逐渐团结在其同母姐姐鄂兰巴雅尔的身边，因此准噶尔得以维持。可是，策妄多尔济那木扎勒对于姐姐维系部落的苦心却全不领情，反而对权力旁落于姐姐之手表示出极大的不满。乾隆十四年（1749年），已经成人的策妄多尔济那木扎勒借口鄂兰巴雅尔自立为女皇，将其囚禁在阿克苏城，与鄂兰巴雅尔关系密切的王公大臣大多被杀。

策妄多尔济那木扎勒的恐怖政策不仅没有让他的地位更加稳固，反而让他很快就从汗位上跌了下来：鄂兰巴雅尔的丈夫萨因伯勒克见到妻子落得如此下场，公开起兵拥立噶尔丹策凌的长子达尔扎。由于策妄多尔济那木扎勒早已众叛亲离，萨因伯勒克没费什么力气就攻下了伊犁。策妄多尔济那木扎勒被刺瞎双眼，囚禁在阿克苏。

继位的达尔扎因为当过喇嘛，所以被称为"喇嘛达尔扎"。由于他的母亲只是个婢女，因此他的血统不够高贵。这对于极其重视血统的厄鲁特蒙古来说是不可接受的。一些贵族便策划推翻达尔扎而另立噶尔丹策凌的小儿子策旺达什。由于事机不密，得知这一阴谋的喇嘛达尔扎先下手为强，将策旺达什监禁处死，而策旺达什的拥护者仓皇逃窜，其中有大策凌敦多布的孙子达瓦齐和策妄阿拉布坦的外孙阿睦尔撒纳。

虽说将门无虎子，但达瓦齐和阿睦尔撒纳的表现却截然相反。面对达尔扎的重兵追捕，阿睦尔撒纳先是暗杀了自己的哥哥和岳父，接着又以1500名精兵抄山路奇袭伊犁，在内应的合作下，达尔扎被杀。达瓦齐登上了汗位。阿睦尔撒纳并不是不想做汗，但他的问题和达尔扎一样：没有资格。因此他只能把达瓦齐推上前台。达瓦齐根本就没有做可汗的能力，他上台的第一件事居然是清洗达尔扎的大臣。其中包括德高望重的杜尔伯特部的达什诺延。达什诺延的死让杜尔伯特部举起了反旗，被称为"三策凌"的杜尔伯特部首领策凌、策凌乌巴什、策凌蒙克带领整个部落的1万余人投奔了清廷。这让准噶尔部的势力大为削弱。

达瓦齐的麻烦并未结束，早先他为了酬谢阿睦尔撒纳的"功劳"，赐予他塔尔巴哈台牧地，但阿睦尔撒纳的胃口却并没有就此满足。乾隆十八年（1753年），他公开要求和达瓦齐平分准噶尔部。达瓦齐自然不会答应他的要求，于是准噶尔部再次陷入了内战中。达瓦齐尽管无能，但他的兵力还是比阿睦尔撒纳要强得多。阿睦尔撒纳向哈萨克人借兵未遂，于是他决定投奔清朝。乾隆十九年（1754年），阿睦尔撒纳率2万余人向清军投降，他请求乾隆进攻准噶尔，消灭达瓦齐。

乾隆皇帝等待了10多年的机会终于来了。如果说三策凌投靠之时，第一次金川战争刚刚结束，清廷的财政状况尚不允许出兵准噶尔；而阿睦尔撒纳的投靠则无疑让乾隆坚定了攻取准噶尔的想法。乾隆二十年（1755年），清军5万大军兵分两路，分别由乌里雅苏台和巴里坤出兵，直逼伊犁。将阿睦尔撒纳赶走的达瓦齐此时却沉溺在酒池肉林中，准噶尔各部见他如此模样，纷纷不战而降，倒戈投向清军。达瓦齐只得放弃伊犁，退守格登山。在阿睦尔撒纳的紧逼之下，达瓦齐溃不成军，仓皇逃走，后被擒，被献清军。不过达瓦齐似乎运气一直都不错。他被押送到北京之后，最终获得了乾隆的特赦，还被加封为亲王，抬入旗籍，居住在北京，也算衣食无忧。

不过乾隆也许高兴得早了些，因为准噶尔部并未完全平定。阿睦尔撒纳原本并不是真的忠诚于清朝，他的目的只是"借兵"，既然达瓦齐已经束手就擒，他便希望能够登上准噶尔部的汗位，再次一统厄鲁特蒙古。可是，清廷怎么会同意将好不容易拿下的领土原封不动地送回去呢?在这种情况下,阿睦尔撒纳利用他通过推翻达瓦齐在准噶尔部建立起来的声望,自立为汗,又反叛了清廷,刚刚平定下来的天山北麓再一次陷入了战火。

不过阿睦尔撒纳的可汗并没有当多久,尽管在战争初期由于准噶尔各部台吉纷纷响应他的号召归顺于他,但当清军援军再次攻来时,准噶尔军内部却闹起了内讧;此外,蒙古人最怕的天花也在军中大规模爆发。面对着清军名将兆惠率领的数万大军,准噶尔部溃不成军。至此,清朝政府才真正控制了北疆,而与之缠斗了百余年的准噶尔部也成了一个历史名词。

平定大小和卓

清代初期，准噶尔部在噶尔丹的统治下，势力急速膨胀，甚至一度控制了西藏。其实，在噶尔丹的扩张过程中，首先遇到的是天山南麓的叶尔羌汗国。

叶尔羌汗国的国家权力控制在"和卓"手中。17世纪时，叶尔羌汗国正处于白山派与黑山派两派和卓的争斗当中，彼此攻讦不已。为了夺取政权，双方都和日益兴起的噶尔丹有所联系。噶尔丹正是利用了这一机会，将势力扩张到天山以南。噶尔丹灭亡了叶尔羌汗国，并扶植黑山派和卓作为傀儡政权。当地白山派居民则趁噶尔丹大败于清军之际，脱离准噶尔部控制，以喀什噶尔为中心建立敌对政权。

可惜好景不长，噶尔丹死后，其子策妄阿拉布坦的势力仍很强大。1713年，策妄阿拉布坦攻取喀什噶尔，消灭了白山派政权，并将白山派和卓玛罕默特押送至伊犁囚禁致死。玛罕默特在囚禁期间生下了两个儿子，哥哥波罗尼都和弟弟霍集占。如果准噶尔的势力一直强盛，也许波罗尼都、霍集占就要和他们的父亲一样在监狱中度过一生。然而，清军对准噶尔的进攻让这兄弟俩看到了复兴的希望。

乾隆二十年，清军攻克伊犁，准噶尔部覆灭，波罗尼都和霍集占被清军释放出来。由于其父玛罕默特已死，这兄弟俩自然成为新的继承人。波罗尼都和霍集占两兄弟便共同成为回部新的和卓，分别被称为"大和卓"与"小和卓"。

这兄弟俩被释放伊始，还是十分配合清军的。他们兄弟俩分工合作：大和卓由清军将领、御前侍卫托伦泰护送回叶尔羌，召集并安抚回部百姓；而小和卓则留在伊犁处理有关事宜，统管教务。尽管黑山派对清军在南疆的活动表示了强烈的抵制，但在大和卓的号召下，白山派对清军则持欢迎态度，因此清军不费什么力气地攻克了喀什噶尔和叶尔羌，大和卓重新统治了当地。

可是，和大和卓比起来，小和卓并没有那么驯服听话。乾隆二十一年，准噶尔部原本已经降清的阿睦尔撒纳因为不满清廷的封赏，再度兴兵作乱。他召集准噶尔部各台吉会盟，在塔尔巴哈台自立为汗。为了稳固他在西域的统治，他居然向沙皇俄国表示臣服。刚刚安定下来的天山南北又陷入战火之中。小和卓趁阿睦尔撒纳攻陷伊犁之际，倒向自己的世仇准噶尔部。他回到叶尔羌，纠集人马参加了阿睦尔撒纳的军队。

小和卓的倒戈并不是全然没有道理。有一种说法认为清军将大和卓派回叶尔羌，而将小和卓留在伊犁并不是全然出于公心，而是担心大和卓不服从清朝的统治，故此将小和卓作为人质。可以想到长期受到监禁的小和卓对此做法必然是相当不满。不过，尽管如此，清军将其兄弟俩以及其部落从准噶尔部的控制中解放出来，小和卓罔顾这一恩惠而起兵作乱，于情于理也确实说不过去。

阿睦尔撒纳的乌合之众并不是拥有丰富作战经验的清军的对手，于乾隆二十二年被清军击溃。阿睦尔撒纳与亲随数十人逃往哈萨克，最终在沙皇俄国的庇护下了却残生。而小和卓已经与清廷翻脸，不得不回到叶尔羌。

最初清军并没有打算大举进攻坚守叶尔羌的小和卓，只是派清军将领阿敏道带了3000名厄鲁特兵、100名索伦兵前往南疆"慰抚"。但是小和卓对于阿敏道的"慰抚"并不领情。据《清史稿》记载，小和卓以和厄鲁特蒙古人有仇为名，要求阿敏道遣返3000名厄鲁特兵，而当阿敏道进入库车后，立即被小和卓的伏兵俘虏，后来又全部被处死。其后，大小和卓在叶尔羌成立了"巴图尔汗国"，自立为"巴图尔汗"，一时间，天山南疆尽归大小和卓所有。

其实，根据当地人的说法，小和卓和阿敏道的冲突，并不是有意为之，而是语言不通造成的障碍。而小和卓将阿敏道等人处死后，自觉事情不妙，便怂恿哥哥一同反清，自立国家。见事已至此，本来对清廷忠心耿耿的大和卓为了弟弟，也只好无可奈何地答应了。

乾隆二十三年（1758年），靖逆将军雅尔哈善出兵征讨南疆。清军首先围攻库车，谁料出师不利，一个多月都没有攻下库车城，还被前来增援的小和卓突入城中，围城打援的计划也宣告失败。无计可施的清军连挖地道的招数都使了出来，但还是被小和卓以灌水的方法破坏了。

直到三个月后，库车城内弹尽粮绝，小和卓与城内的伯克趁深夜突围逃至叶尔羌，清军才占领了库车。其实，在小和卓突围之前,雅尔哈善就已经知道了这个情报,可他却置若罔闻;等小和卓突围之时,他又贻误战机,直到天亮才派兵追击。

纸里包不住火,乾隆很快就得知了真相。雅尔哈善落得个身首异处的下场,改由定边将军兆惠统兵。兆惠是乾隆朝的名将。在第一次金川战争时,他虽然只是负责后勤运输,但其提出的作战方略却颇得乾隆的赞赏。后来在平定阿睦尔撒纳的叛乱中,兆惠在四面受敌的不利局面下,率领清军从伊犁突围撤退到特讷格尔,保全了清军主力,功名卓著。兆惠领命以后,便取道库车、阿克苏、乌什,顺叶尔羌河直逼叶尔羌。这时候,从库车突围的小和卓正把守在这里,与守在喀什噶尔的大和卓互为犄角之势抵御清军。

乾隆二十三年十月,兆惠抵达叶尔羌附近,在黑水河畔扎营,随即在偷袭对方牧场时遭到大小和卓的围攻。战斗进行得极为惨烈,清军构筑临时工事,坚守了两个多月。在战斗中,兆惠的指挥才能得到充分发挥:和卓军在上游决堤灌水,清军就在下游挖沟泄洪;清军缺少弹药,兆惠就命人引诱和卓军以火枪射击,让子弹都打在树上,清军随后砍树当柴火,又挖出数万颗铅弹。因此,虽然清军被围困多日,但并非弹尽粮绝。

到次年正月,清军两路援军赶到,与兆惠里应外合,和卓军大败亏输,败退叶尔羌。这一役使和卓军元气大伤,而清军则有效地控制了叶尔羌的外围地区,可以说是整个战争的转折点,史称"黑水营之战"。

黑水营之战后,清军退回阿克苏休整,小和卓又趁势占领和田。清军稍事休整后,就于四月夺回和田,并联合当地忠于清朝的回部首领,于六月分兵两路同时进攻大小和卓。和卓军自知不敌,弃城而走，企图待清军补给不足时再反攻。但他们的如意算盘打错了。清军占领喀什噶尔和叶尔羌后，随即尾随和卓军进入帕米尔高原，并且于七月连胜和卓军。大小和卓率残部仅300余人逃往巴达克山汗国。在清军的军事压力下，巴达克山汗国可汗索勒坦沙擒获并杀死大小和卓，将尸体送至清军大营，表示愿意臣服纳贡。至此，大小和卓的势力全部崩溃，天山南北终于达成了统一。

经此一役，清廷加强了对西域地区的控制，开始实行盟旗制和伯克制，还派驻了伊犁将军，掌天山南北最高军政大权，下设参赞大臣一人辅之。乾隆二十五年，图尔都等五户助战有功的和卓来到北京。乾隆令他们在京居住，并派使者接他们的家眷来京，封图尔都等为一等台吉。图尔都27岁的妹妹也被选入宫，册封为和贵人，就是历史上的香妃。

改土归流是主流

从北京到成都的驿道，要穿过高耸入云的秦岭，南来北往的行人客商行经此处，往往放慢脚步，战战兢兢。然而这一天，从北京方向却来了一支不同寻常的马队，他们全然不顾难于上青天的蜀道，兀自策马狂奔。惊愕的行人依稀看到在马队中间有一个二十来岁的青年，此人全副戎装、雄姿英发，却是面沉似水，不苟言笑。其余的骑士簇拥着此人，飞快地从三三两两的行人身边擦过，直奔成都方向。马蹄溅起的泥土，在身后留下一片尘烟。

这是乾隆十三年（1748年）的冬天，这支马队是乾隆皇帝派往金川前线的增援部队，而那个青年，就是新任保和殿大学士兼户部尚书，受命经略金川军务、新任军机大臣傅恒。

大金川和小金川是川西北地区的两条河流，二者在丹巴地区会合成大渡河。这一地区处于青藏高原的东南角，是由川入藏的咽喉要地。然而此地地理复杂，气候多变，外人很难常住，因此明代以羁縻绥靖的政策治理此地，将当地原住民——嘉绒藏人的首领飔拉土司封为金川寺演化禅师；清初依明代旧例，但康熙末年青海罗卜藏丹津叛乱，清廷在西北地区大兴刀兵，金川土司也派兵随清军征讨有功，于是又在雍正元年（1723年），授予促浸土司为大金川安抚司，飓拉土司则被称为小金川。于是，这一地区出现了两个土司并立的局面。

乾隆七年（1742年），大金川土司色勒奔去世，其弟莎勒奔继承土司之位，将侄女阿扣嫁给了小金川土司泽旺；泽旺生性惧内，阿扣又不安于室，与泽旺的弟弟良尔吉勾搭成奸，架空了泽旺。见此良机，莎勒奔趁机于乾隆十年（1745年）占领了小金川，此后又大肆扩张领地，侵扰四邻土司，给当地造成了混乱局面。

清廷并不是不知道大金川的动静，但乾隆却认为这是他"以番治番"的成功，只要"宣谕训诲"即可，不必兴兵出战。直到乾隆十二年（1747年），莎勒奔兵临打箭炉，击败当地清军，乾隆皇帝才意识到大事不妙，命令川陕总督大学士庆复亲赴四川前线督战，四川巡抚纪山统兵出击。谁知道清军甫一出师便吃了个败仗。

消息传到北京，大为不满的乾隆帝只好将庆复召回，改派云贵总督张广泗前去应战。张广泗是一员战功卓著的老将，雍正年间就在云贵两地带兵平定苗人叛乱。张广泗认为自己经验丰富，因此不免有轻敌之心，打算速战速决。战争初期的情况似乎确实如张广泗所料，清军不仅收复了莎勒奔之前攻占的地盘，而且连小金川也一并拿下。泽旺又重新当上了他的小金川土司，并且派兵随同清军助战。志得意满的张广泗调集军队，开始正面进攻大金川。

张广泗的噩梦从这时才开始。原来，莎勒奔在大金川的东岸设置了两处主要据点，一处为勒乌围，一处为刮耳崖，分别由莎勒奔和其侄子郎卡父子镇守。这两座据点修建得极其坚固，以石头砌成，足有数十米高，墙壁上还有用于射击的小孔，真可谓一夫当关，万夫莫开。此外，莎勒奔又以这两处据点为依托，凡进入大金川的隘口险要之处，都设置了大量的碉堡严阵以待。张广泗原本打算兵分两路，分头进击，但是在层出不穷的石碉面前，清军只能正面强攻，损失惨重。鏖战一个多月仍然没有进展。

在张广泗气急败坏手足无措的时候，莎勒奔却在动着见好就收的想法。他知道打持久战的话，大金川绝对不是清廷的对手，因此他遣人前去张广泗军营和谈。刚愎自用的张广泗此时却拟定了新的作战计划，因此断然拒绝了莎勒奔的提议。然而这时，当地土目恩错却降而复叛，阻断清兵粮道，又攻灭清军一部。莎勒奔趁势反攻，将清军各个击破。张广泗进攻大金川的计划破产了。

这一局面让乾隆有了换将的打算。兵部尚书班第建议启用岳钟琪为提督，统率全军。岳钟琪本就是四川人，又历任四川提督、川陕总督等职，雍正年间的西北战事他又参与其中，和大小金川的土司都很熟悉。这本来是个正确之至的决定，然而由于岳钟琪与张广泗素有嫌隙，最终乾隆只是任命岳钟琪领提督衔赴军中。为了调和二者的矛盾，乾隆又指派领班军机大臣、果毅公讷亲为经略，赴金川总率全军。

乾隆这种掺沙子和稀泥的办法在政治上可能会颇有建树，但在军事上却只能说是愚蠢。讷亲是满族勋贵，康熙朝四大顾命大臣之一遏必隆的孙子。此人为官不可不谓清正廉洁，然而做得了好官并不一定做得了好将军。讷亲是名门之后，少年得志，因为为人处世未免高傲；此外又是文官出身，从未带兵放马，对于军事可谓一无所知。凡此两点，便注定了讷亲在金川的悲剧。

果然，讷亲在敌前表现得一无是处。他先是丝毫不与张广泗商议军情，虚骄自大，罔顾现实，严令全军在三天之内攻下刮耳崖，否则军法从事，结果清军惨败。之后讷亲又提出在大金川建筑碉堡，和莎勒奔对峙。这办法看似以守为攻，其实愚蠢得很，且不提战略形势，就是长期驻军的军费开支也是清廷支撑不起的。这一方案自然又被否决了。从此讷亲不再插手军务，所有事情任凭张广泗处置。更糟的是，他又和张广泗闹起了分歧，两个人均向乾隆上奏，批驳对方的军事计划，揭发彼此的不是。

乾隆十三年（1748年）八月，乾隆接到了讷亲和张广泗战败的奏报：3000余人的部队，居然被数十敌兵击败。乾隆的心情不难想象。偏巧此时岳钟琪又参奏张广泗用兵失误，所托非人。乾隆决定杀一儆百，他将张广泗和讷亲革职拿问，张广泗判处斩立决，讷亲则被绑缚军前，用其祖遏必隆的刀将其斩首，以正军纪。

清军围攻金川两年多，军费达到两千万两，数万军兵却对莎勒奔的数千守兵无可奈何，换来的只是文武重臣的死。乾隆皇帝又命傅恒署理川陕总督，统率军务，傅恒接旨后急速抵达四川前线。

傅恒虽然是满族勋贵之后，又贵为国舅，但他却是乾隆朝不可多得的将才。他抵达前线后，首先清理了混在清军中的莎勒奔的奸细，接着拟定了新的作战方略，绕过碉堡，直扑敌人老巢。这一方案可以说一改张广泗军事指挥的弊端。莎勒奔这边已经被连续数年的征战搞得精疲力竭，正在想方设法向乾隆纳表请降。此时乾隆的心情已经从愤怒中恢复，对于金川战事他有了新的想法。考虑到连年用兵导致国库亏空，粮价飞涨，他决定接受莎勒奔的求和，因而命令傅恒尽快坐下来和谈。

傅恒少年得志，本打算借助金川一战一举成名，然而乾隆的兜头一盆冷水却让他颇为沮丧。无奈的傅恒只好想办法找莎勒奔的碴儿：他要求莎勒奔和郎卡二人亲缚并赴清军大营请降，莎勒奔担心其中有诈，本不欲接受这个条件，好在内有岳钟琪的大力斡旋，外有乾隆的谕旨催逼，傅恒只得同意了莎勒奔的投降。

乾隆十四年（1749年）二月，各怀心事的莎勒奔和傅恒终于坐在了一起。莎勒奔表示，从此以后听从清廷的安排，不再肆意扩张，退还先前所侵占的土地，并上交枪炮武器。在一个象征性的受降仪式之后，傅恒带着莎勒奔进贡的一尊古佛班师回朝。第一次金川战争至此结束了。

乾隆二十五年（1760年）以后，莎勒奔的侄子郎卡联合小金川与绰斯甲布攻打周围土司，于乾隆三十六年（1771年）引发了第二次金川战争。在这场战争中，阿桂、丰伸额、明亮等人不计一切代价，终于攻占了大金川，并将土司制度摧毁。

战后，清廷在金川地区大力推行屯兵制度，在当地驻军扎营，又在大金川置阿尔古厅，在小金川置美诺厅，乾隆四十八年（1783年）又将两厅合并为懋功厅，大小金川成为了流官管辖下的地区。

土尔扈特部归国

乾隆三十六年（1771年）七月，一支"军队"出现在伊犁河流域的地平线上，向东方缓缓行进。

这支"军队"并非乌合之众，乃是曾经叱咤天山南北的厄鲁特蒙古四部之一的土尔扈特部。百余年前，内外蒙古都曾留下了他们逐水草而居的身影和金戈铁马的痕迹。然而此时，在他们疲敝的身躯上却完全看不出草原帝国昔日的雄风。

土尔扈特部是厄鲁特蒙古的一支。1623年，厄鲁特蒙古四部联合击败了漠南蒙古在杭爱山以西建立的阿拉坦汗王朝后，准噶尔部首领野心勃勃，想要一统厄鲁特蒙古四部。土尔扈特部当时游牧在准噶尔部北边的塔尔巴哈台一带，由于不断受到准噶尔部的侵扰，不胜其烦的土尔扈特部首领和鄂尔勒克动了迁移的念头。

对于世代逐水草而居的游牧民族，迁移这一行动本身并不是什么太大的问题。可是，迁往哪里却是一个颇需思量的问题。1618年，和鄂尔勒克派出了细作，去寻找能够安居乐业的草场。1625年，其中一名细作带回来一个好消息：在离此很远的西方，有一条大河叫作伏尔加河，在伏尔加河的下游，有一片水草肥美的草场。那里原本是诺盖人的地盘，但诺盖人已经南下，迁到了亚速海甚至是希瓦草原一带。因此现在那里人烟稀少，可以称得上是无主的地盘。这个消息对于被牵连进准噶尔部内讧，为了战争与杀戮而烦恼的和鄂尔勒克来说，恰似一针强心剂。他痛下决心，要带着土尔扈特部离开天山草原，前往未知的西方。

在经过长达3年的准备之后，1628年，绝大多数土尔扈特人在和鄂尔勒克的带领下离开了塔尔巴哈台，随行的还有部分和硕特、杜尔伯特和辉特等几个部落的人，共有5万户19万人。之所以说是"绝大多数"，是因为还有一小部分土尔扈特人仍然留在了天山草原。

土尔扈特人的西行之路并不顺利，这样一支庞大的队伍，要进行如此长距离的迁徙，对于其他民族来讲，既是诱惑，也是威胁。土尔扈特人一路击退了鞑靼人、诺盖人等大大小小游牧民族的袭击和堵截。他们足足在路上走了两年，1630年，在无数次浴血奋战之后，和鄂尔勒克和他的子民们终于到达了他们心目中的天堂。

安定下来的土尔扈特人很快在当地建立了自己的政权，控制了伏尔加河中下游一带的广大地区，史称土尔扈特汗国。然而，俄国人的威胁很快就随之而来。推行扩张政策的罗曼诺夫王朝对土尔扈特汗国虎视眈眈。为了吞并伏尔加河中下游的广袤土地，俄国人决定对土尔扈特汗国实行限制通商和游牧的政策。不甘受辱的和鄂尔勒克以强硬的态度回击俄国人的挑衅：他一再将牙帐向北迁徙，做出了战争的姿态。1645年，和鄂尔勒克主动进攻阿斯特拉罕城，然而在装备精良而又早有准备的俄军面前，土尔扈特人大败。和鄂尔勒克也在俄军的炮击中丧生。

继位的书库尔岱青不得不先后与沙俄进行了5次谈判,并最终表示臣服于沙皇。他与其子朋楚克先后在位的25年中,他们韬光养晦,积极发展生产,扩充军队,清理其他势力,最终使伏尔加河中下游的所有厄鲁特蒙古人都统一于土尔扈特部。这两位汗的治理有方,终于使汗国在阿玉奇时期达到了鼎盛。

阿玉奇汗统治土尔扈特汗国长达54年。在这长达半个多世纪的岁月中,阿玉奇汗首先将汗国内不忠于自己的势力一一击溃,然后又对周边的汗国发动了进攻,大大扩张了土尔扈特汗国的领土。汗国的强大使沙俄重新调整了对其的关系,不得不在表面上把它作为同盟国而非藩属国来对待。

阿玉奇对抗沙俄的最大倚仗,是故土的厄鲁特蒙古其他三部,以及远在东方的清廷。其实,尽管土尔扈特人西迁,但他们与厄鲁特蒙古的联系始终非常紧密。早在1640年,和鄂尔勒克就同书库尔岱青一同返回天山草原,与厄鲁特蒙古和喀尔喀蒙古的各部首领共同制定了《蒙古—厄鲁特法典》。清朝入关以后,书库尔岱青又数次不远万里遣使纳贡,和清廷保持着一定的联系。阿玉奇继承并发扬了这一传统。他实行联姻政策,将妹妹嫁给了和硕特部首领鄂齐尔图车臣汗,两个女儿则分别嫁给了准噶尔部的策妄阿拉布坦和喀尔喀部首领墨尔根汗额列克;对清朝则数次遣使纳贡。阿玉奇的积极态度得到了清廷的积极回应。1714年,清廷派员出使土尔扈特汗国,可以说是清廷和土尔扈特汗国关系史上的标志性事件。

1698年,阿玉奇的侄子阿喇布珠尔经准噶尔赴西藏做佛事,但之后准噶尔部和土尔扈特部关系紧张,因此到1703年时,阿喇布珠尔已经不能从原路返回。处于困境中的阿喇布珠尔只好绕道嘉峪关，请求清廷安置，清廷将他们安排在色尔腾一带。1709年，为了感谢清廷的帮助，阿玉奇派出使臣萨穆坦等人绕道西伯利亚，于1712年抵达北京朝贡。来而不往非礼也，康熙决定也派出使团回访土尔扈特汗国。这支由太子侍读殷扎纳、内阁侍读图理琛、理藩院郎中纳颜等人组成的使团在路上跋涉整整2年，于1714年抵达土尔扈特汗国。阿玉奇举行了隆重的欢迎仪式，并以藩属国自居。而清廷代表团也转达了康熙的问候，双方还讨论了如何共同打击准噶尔部的话题。可以想到，有了清廷的支持，阿玉奇汗在面对沙俄的时候自然多了几分底气。

然而，在一代豪杰阿玉奇逝世后，土尔扈特汗国迅速地衰落了。1724年，阿玉奇死后，围绕其汗位的继承，各派别之间展开了激烈的斗争，在17年中换了四任可汗。沙俄通过扶持土尔扈特内部的亲俄派，趁机大大加强了对汗国内部的控制。在敦罗卜剌什担任可汗之后，他甚至不得不将儿子送到俄国做人质。

1761年，敦罗卜剌什去世，由年仅19岁的儿子渥巴锡接替汗位。此时沙俄的沙皇则是著名的叶卡捷琳娜二世，在其统治下，沙俄加强了对土尔扈特汗国的控制，不仅频频向土尔扈特人征兵，还妄图改组汗国的政治机构。沙俄人的步步紧逼让土尔扈特人濒临亡国灭种的边缘。

正当渥巴锡处于不知如何是好的情况下，一个名叫舍楞的土尔扈特人出现在了他的面前。舍楞是和鄂尔勒克叔父的后代，是当年没有西迁而留在天山草原的土尔扈特一支，后来从属了准噶尔部。

舍楞告诉渥巴锡，曾经不可一世的准噶尔部已经被清廷攻灭了,现在的天山草原已经没有人烟,为什么不回到曾经的家园去呢?

在舍楞的劝说下,渥巴锡决定返回天山,以逃脱沙俄人的压迫。从1767年开始,渥巴锡组成了一个秘密的六人机构,开始全面准备再一次的迁移。经过4年的准备,1771年1月3日,渥巴锡迅速集结了33000户共17万余人,向东方迁移。

土尔扈特人的这次迁移注定要比他们前一次的迁徙艰难困苦得多。缺粮、缺水,遭受到严寒的袭击;而沙俄方面不仅派出哥萨克骑兵在后面紧紧追赶,还要求哈萨克人在前方堵截。哈萨克人同土尔扈特人可谓是世仇。从土尔扈特人踏入哈萨克大草原的那一刻起,就不断地遭到袭击。土尔扈特人顽强作战,浴血厮杀,终于在战胜了天灾、人祸之后,进入了准噶尔人的地界。此时的土尔扈特部,仅剩下66000余人。无数的土尔扈特勇士,用生命打通了这条漫长的东归路。

返回天山草原的渥巴锡和所有的土尔扈特贵族前往热河觐见乾隆帝,受到了隆重而热情的招待。乾隆拨给他们大量物资,助其重建部落。不过,出于对这个强悍民族的顾忌,土尔扈特部被清廷分而治之,安插在天山以北各处。